体育・部活の
リスクマネジメント

小笠原 正・諏訪伸夫 編

信山社

◆　はしがき　◆

　スポーツ関係者が，これほど衝撃的な現実に突き当たったことは過去にないのではないだろうか。
　2013年3月，大阪市立高校のバスケット部の顧問教諭が，傷害と暴行の容疑で書類送検されたのである。これは，同部の主将を務める2年生男子生徒が，部顧問教諭の体罰を受け自殺（2012年12月23日）した事件である。2013年9月26日，大阪地裁は，「生徒が肉体的苦痛に加え，精神的苦痛を受けたことは，自殺したことからも明らかだ」として体罰が自殺の一因であったと指摘し，「効果的で許されると信じて，理不尽な体罰を続けてきた」ことによるとして，懲役1年執行猶予3年（求刑懲役1年）を言い渡した（朝日新聞2013年9月27日）。体罰は，学校教育法11条但し書きによって禁止されているが，教師の懲戒権の行使として教育の現場でまま行われており，「教育的意図」あるいは「愛のムチ」と言われているが，殴打等有形力の行使，暴行行為ならびに肉体的・精神的侵害行使（セクハラ・パワハラを含む）である。これは，教師の意思作用あるいは私憤等によって行われるもので，違法性を有する，児童・生徒の生命，身体に関する侵害，精神的自由を根幹とする人権侵害であり，教育を受ける権利の侵害であるという認識を持たなければならない。このような体罰は，教育・指導に名を借りた暴力である。精神的につながっていれば問題がないとする見解もあるが，監督崇拝を背景に，抵抗できない状態で，暴力で脅し服従を強いる指導は，教育と言えるだろうか。ここには児童・生徒に対する思いやりも人間としての愛情もみられない。
　また，2013年1月には，オリンピックのメダリストを含む日本のトップアスリートの柔道女子選手15人が，監督・コーチから暴力を含むパワーハラスメントを受けたとして，日本オリンピック委員会（JOC）に告発した事件。さらに，アテネ・北京両オリンピックの柔道金メダリストが，教え子の女子柔道部員に性的暴行をしたとして，準強姦罪で懲役

は し が き

5年の実刑判決を受けた事件（東京地裁平成25年2月1日判決　即日控訴）。控訴審・東京高裁は平成25年12月11日，一審東京地裁判決を支持，控訴を棄却した。弁護側は即日，上告した。このような事件の現実に直面したスポーツ界は，早急にスポーツ指導者の倫理とスポーツ指導のあり方を再構築しなければならない。

日本オリンピック委員会（JOC）は，トップ選手の11.5%が暴力を含むパワーハラスメント，セクシュアル・ハラスメントを受けたことがあるという調査結果を発表した（平成25年3月19日）。中には治療が必要だったという選手もいた。この数字に表れない部分もあるとすれば深刻である。まさに，2020年の東京オリンピックを成功裏に導くためにも，このような状態を形成し，見過ごしてきたスポーツ界における指導的機関の改革と選手の意識改革が必要であろう。

今後，体育・部活における事故を回避し，安全な教育活動の場としての学校教育を，どのように構築するべきなのか。本書は体育・スポーツの指導者が当然知っていなければならない知識を中心に構成した。本書は，第Ⅰ部　体育部活のリスクマネジメント「体育・部活の安全のために」「各運動領域の授業と部活の安全」「スポーツ事故の現状とメカニズム」「事故と責任」，第Ⅱ部　保健体育科と学習指導要領，とからなっている。執筆者は，いずれもその分野の専門研究者であり，各スポーツ種目の実践的指導者である。スポーツによるリスクを回避するために学校体育・部活の指導者，教育行政の関係者などなど，スポーツに携わるすべての方々が手に取って下さればと思う。

出版業界の厳しい状況の中，このような企画と編集をして下さった信山社ならびに関係者に心から感謝する次第である。既に刊行されている『スポーツ六法』（信山社），今後刊行予定の『武道必修化に伴う安全指導・安全管理』（信山社）も，本書と一体をなすものとして，相互の関係を考慮して編集されている。あわせてご利用くだされば幸いである。

2014年1月10日

小笠原　正

目　　次

はしがき

第Ⅰ部　体育・部活のリスクマネジメント

第1章　体育・部活の安全のために……………………………3

① 体育・部活におけるリスクマネジメントとは
　……………………………………………［諏訪伸夫］…5

(1) 学校の教育目的・目標と経営目的・目標　5　(2) 学校の体育・スポーツ活動に対する事故防止・安全管理の重層性　6　(3) 経営目的とリスクマネジメントの目的　7　(4) 体育・部活におけるリスクマネジメント　7

② 学校の安全確保＝学校は安全でなければならない
　——内在する危険と注意義務の二重性…………［諏訪伸夫］…8

(1) 学校の安全　8　(2) 体育の授業の安全とリスクマネジメント　10　(3) 課外活動（部活・学校行事）の安全とリスクマネジメント　13　(4) 学校のプールにおける事故防止・安全チェックポイント　18

③ 危険はどこにも潜んでいる——リスクマネジメント——
　………………………………………………［吉田勝光］…19

(1) 生徒らの危険　19　(2) 学校保健安全制度の変更　20　(3) 他の法制度・行政計画との関連性　22　(4) 学校安全等の概念　24　(5) 学校の安全計画と指導　25　(6) 体育・部活の安全と指導　26

v

目 次

④ 事故が起きた時あなたはどう対処するのか
　　　　　　　　　　　　　　　　　　　　　　　　［吉田勝光］…31
　⑴ 救急・緊急連絡体制　31　　⑵ 危険等発生時対処要領（危機管理マニュアル）の作成・周知・活用　32　　⑶ 応急手当（AEDを含む）と医療機関　32　　⑷ 公的機関への措置　35　　⑸ 保護者への連絡と情報の提供　35　　⑹ 事故状況の把握　36　　⑺ 事故関係記録の保存　39　　⑻ 生徒とともに教員の心のケアも　40

第2章　各運動領域の授業と部活の安全 …… 41

1. 各運動領域の授業と部活の安全 …… 43

　① 器械運動 ……………［金谷麻理子・諏訪伸夫］…43
　　⑴ 器械・器具の取り扱いに関する安全管理　43　　⑵ 練習の進め方に関する安全管理　44　　⑶ その他　45

　② 陸上競技・マラソン …………［前村公彦・小笠原正］…46
　　⑴ 陸上競技で予想される危険性　47　　⑵ 陸上競技でよくある外傷　47　　⑶ ストレスマネジメント　48

　③ 水　　泳 ……………［木原珠子・小笠原正］…50
　　⑴ 水泳の授業における事故について　50　　⑵ 水泳の授業における安全管理とは　52

　④ バスケットボール …………［小牟礼育夫・中田誠］…54
　　⑴ 施設・設備・用具の安全管理　55　　⑵ 活動内容と安全管理　55　　⑶ 活動方法と安全管理　56

目 次

⑤ ハンドボール競技 …………［木野実・新井喜代加］…58

(1) 施設・設備・用具の安全管理 59 (2) ハンドボール競技への生活管理，健康管理 59 (3) ハンドボール競技における安全対策 60

⑥ サッカー ……………………………［髙藤順・中田誠］…63

(1) ルールの特性 63 (2) 授業における安全管理 64 (3) 部活動や課外活動 65 (4) 施設や設備 65

⑦ ラグビー ………………………………………［石井信輝］…67

(1) 教育的効果 68 (2) 安全対策 68

⑧ バレーボール ………………………［一柳昇・中田誠］…71

(1) 健康管理・生活管理 71 (2) 練習内容・段階的練習 72 (3) 危険回避能力・危険性の有無・回避方法の説明 73 (4) 施設・設備・用具・記録（身体的・精神的）73

⑨ テニス …………………………………………［出雲輝彦］…76

(1) テニス活動中の事故等の実態 77 (2) 安全管理のポイント 78 (3) まとめ 80

⑩ バドミントン …………………………………［平野泰宏］…82

(1) 体育授業「バドミントン」で起きている事故 82 (2) 体育授業「バドミントン」におけるリスクマネジメント 83

⑪ ソフトボール ………………………………［新井喜代加］…86

(1) ソフトボール関連事故の発生状況 86 (2) スポーツ事故の発生要因と防止の観点 87 (3) ソフトボール

目次

　　　指導における安全管理と適切な指導　87

⑫　野　　球 ……………………………………………［吉田勝光］…91

　　　⑴　野球事故の発生状況　91　　⑵　事故防止策　92

⑬　柔　　道 ………………………………［石川美久・諏訪伸夫］…94

　　　⑴　指導上の注意　95　　⑵　施設の安全管理　98　　⑶　頭頸部などの受傷後の対応　98

⑭　剣　　道 ………………………………［今野満広・諏訪伸夫］…100

　　　⑴　安全管理　100　　⑵　剣道に多い傷害　102

⑮　スキー・スノーボード ……………………………［水沢利栄］…103

　　　⑴　スキーの特徴的な傷害　103　　⑵　スノーボードの特徴的な傷害　104　　⑶　ゲレンデ選びと滑走方法　104　　⑷　万一事故に遭った場合の対処法　105　　⑸　ヘルメット　105　　⑹　保険　106

2. 運動部活動の安全指導 ……………………………［石井信輝］…109

　　　⑴　運動部活動の目標と勝利至上主義の観念　109
　　　⑵　指導計画　110　　⑶　健康管理　111　　⑷　練習内容　112　　⑸　技量の把握　113　　⑹　施設・設備・用具の安全管理　114

第3章　スポーツ事故の現状とメカニズム ……………117

①　スポーツ事故の発生状況 ………………………［新井喜代加］…119

　　　⑴　障害事故の分析・概要　120　　⑵　障害別　121
　　　⑶　死亡・重度の障害事故　121　　⑷　学校種・学年別・

viii

目　次

　　　男女別　*122*

② 起こりやすい障害事故のメカニズムと処置
　　　　………………………………………［細野昇・西村慶太］…*123*

　　　⑴　打撲　*123*　　⑵　捻挫　*125*　　⑶　肉離れ　*127*
　　　⑷　脱臼　*128*　　⑸　骨折　*131*　　⑹　突然死　*133*
　　　⑺　頭部外傷　*137*　　⑻　脊椎・脊髄損傷　*142*
　　　⑼　溺水　*144*　　⑽　熱中症　*145*

第4章　事故と責任 …………………………………………*149*

① スポーツと法的責任 ………………………［福田達也］…*151*

　　　⑴　損害賠償責任──不法行為責任・債務不履行責任　*151*
　　　⑵　国家賠償責任　*154*　　⑶　刑事責任　*155*　　⑷　行政責任　*156*

② アスリートの法的責任──判例を中心として──
　　　　………………………………………………［伊藤リナ］…*157*

　　　⑴　加害者の法的責任　*157*　　⑵　被害者の法的責任　*162*　　⑶　まとめ　*165*

③ スポーツ指導者の法的責任──判例を中心として──
　　　　………………………………………………［小笠原正］…*166*

　　　⑴　学校教育とスポーツ事故　*166*　　⑵　スポーツ事故の概要と判例　*167*　　⑶　スポーツにおける加害者と被害者の関係　*168*　　⑷　自己決定権と過失相殺　*169*
　　　⑸　責任能力　*170*　　⑹　スポーツ指導者の法的責任　*170*　　⑺　武道必修化とスポーツ事故　*177*

ix

目　次

第Ⅱ部　保健体育科と学習指導要領

① 学習指導要領と保健体育科（中学・高校）
　………………………………………………………［佐藤良男］…183

　⑴　教育課程の基準としての「学習指導要領」　183　　⑵　現在施行されている「学習指導要領」とその主な特徴　183　　⑶　「学習指導要領」の構成等　184

② 体育分野の特性と目標 ………………………………［佐藤良男］…192

　⑴　中学校の体育分野　192　　⑵　高等学校の科目「体育」　195　　⑶　「態度」等に係る内容構成の考え方　198

索　引　(201)

あとがき　(205)

第I部

体育・部活の
リスクマネジメント

第1章
体育・部活の安全のために

Chapter1

① 体育・部活におけるリスクマネジメントとは

(1) 学校の教育目的・目標と経営目的・目標

　学校は法の定めるところにより，教育目的を達成するために，意図的，組織的および継続的に教育にたずさわる機関である。それはまた教育活動が営まれる組織体すなわち一つの経営体ともいえる。

　学校は教育，とりわけ公教育を行うというところから，教育目標の設定にあたって，まず①教育関係法体系における教育目的・目標や教育委員会等の方針をふまえ，さらに②各学校の置かれている地域の特殊性や，③学校それ自体の状況や条件，および④児童・生徒の実態などを勘案して，各学校は教育目標を設定することになろう。

　すなわち具体的には，①については，例えば憲法，教育基本法，学校教育法，学習指導要領等に明定されている教育目的・目標および各教育委員会の学校管理規則等の方針である。

　②については，地域の自然的・経済的・文化的状況や地域住民の教育要求等であり，③については，学校種別，学校規模，教職員の構成，施設・設備，学校運営費等であり，④児童・生徒の環境・生活状況をはじめ属性的要因（性別・学年・知能・技能・健康状態等）などである。

　上述したように学校は経営体であるから経営目標が措定されるが，それは何よりも教育目標を達成するためのものであって，教育目標が主であり上位要因とすれば，経営目標は従属ないしは下位要因といえる。このような経営目標とは何か，といえば教育目標達成のためのいわゆる4M（Man 人，Material 物，Money 金，Management 組織・運営）の条件整備を主要課題としてめざされるもので，可能なかぎり具体化・指標化されたものといえる。

　教育目標は，児童・生徒がどのような方向に伸長・発展し，どのような価値を高め具現化すべきかという，教育の形式的客体，実質的主体たる被教育者（児童・生徒）にかかわるものであるのに対して，経営目標は，児童・生徒がそのような方向に伸長・発展し，価値を高め具現化するための方法・手段はいかにあるべきかという，主に教育の形式的主体たる

教育者(教職員)にかかわるものであり,両者は不離不即の関係にあるものである。

(2) 学校の体育・スポーツ活動に対する事故防止・安全管理の重層性

まず,文部科学省(いわゆる中央行政)から事故防止・安全管理に関して方針や規則・通達等が出され(第1層),次に地方行政では都道府県教育委員会から事故防止・安全管理に関する方針や規則・通達等が(第2層),市町村の教育委員会からもトップダウンの事故防止・安全管理に関する方針や規則・通達等が出される(第3層)。そして学校では独任制の教育行政機関であり,学校経営管理の責任者である校長により各学校の実態や実情に即した校内の事故防止・安全管理に関する方針や方策等が立てられる(第4層)。これらの方針等を現場の教職員が受けとめて,日々,子どもたちの体育・スポーツ活動(体育の授業や部活動や体育的行事等)において,事故防止・安全管理に携わっている(第5層)。現場の体育経営管理の場面では,校長と共にいわゆる体育主任が主役を担うことになろう。いうまでもなく,それぞれの各層においてトップマネジメント,ミドルマネジメント,ロワーマネジメントが機能し,事故防止・安全管理が遂行されていく。

第1層,第2層,および第3層までは中央と地方の「行政」レベルでとらえられるが,第4層と第5層においては,市町村教育委員会がとりわけ義務教育レベルの学校を現実的に「経営管理」しているので,実際の事故防止・安全管理は,市町村教育委員会(都道府県立高等学校は都道府県教育委員会)の「経営管理」と校長の「学校経営管理」および体育主任のリーダーシップのもとの「体育の経営管理」とが相互に関係し合い,これらが重畳的に,全部の層がまさに重層構造的に絡み合って推進され,実施されている。

表1 学校の体育・スポーツ活動に対する事故防止・安全管理の5重層構造

第1層		国(中央)	中央行政
第2層	地方	都道府県教育委員会	地方行政
第3層		市町村教育委員会	
第4層		校長	学校経営管理
第5層		体育主任(体育教師・一般教師)	体育経営管理

(3) 経営目的とリスクマネジメントの目的

　リスクマネジメントは，1929年から1933年の大恐慌に伴う経済破綻の経験から，企業のリスクを科学的に管理する必要性を認識したときにはじまり，アメリカで発展してきたものである。通例，リスクマネジメントとは，事件や事故の未然防止を第一義とし，そのためにあらゆる手立てがとられるが，万が一，不幸にして事件や事故が発生してしまった場合，最小の費用と時間でそれらを最も効率よく，手際よく処置するための経営管理手法といえる。したがって，リスクマネジメントは，マネジメントの一環であって，リスクマネジメントの目的は，経営目的を達成することであり，学校の場合でいえば，いわゆる学校経営目的を達成することと表裏一体といえる。それゆえ，安全の確保と充実を企図した学校経営が円滑に遂行され，一定の経営方針・計画に則って展開されていかなければならない。

　そのためには，次のような点①～⑥が重要である。

①学校教育目標及びその手だてたる学校経営目標に「安全の確保・充実」が明確に位置づけられ，全校教職員の共通理解と認識の下にその実現が目ざされること。
②学校事故や災害等学校におけるいわゆる様々なトラブルの実態について，できるだけ科学的な把握に努めること。
③「安全の確保・充実」の実現に必要な諸組織を整備・確立すること。
④「安全の確保・充実」を十全に具現化し得る関係者の資質・技術等の深化・向上を図ること。
⑤「安全の確保・充実」のための学校環境の整備を行い，安全な学校生活をおくれるような条件整備に努めること。
⑥家庭（保護者・父母等）や地域社会との連携・協同に努め，「安全の確保・充実」を図ること。

(4) 体育・部活におけるリスクマネジメント

　学校経営は，教育課程の〔プラン（計画）－ドゥ（実施）－シィー（評価）〕の一連のサイクル，すなわちマネジメント・サイクルといわれるが，教育課程構成の単位が教科であることから，教科指導に関するマネジメン

ト・サイクルが教科経営ということができる。すなわち，体育科の目標実現の観点からプラン－ドゥ－シィーのマネジメント・サイクルを実施し，種々様々な営みを行うのが，体育科の経営管理といえる。

第5層の学校の体育経営管理には，この体育科と体育科以外の部活動や学校行事等を合わせたものが，その対象となる。そしてこれにマネジメントの一環であるリスクマネジメントの手法を取り入れ，実践したものが体育・部活におけるリスクマネジメントということができよう。

すなわち，上記「学校の教育目的・目標および経営目的・目標」および「学校の体育・スポーツ活動に対する事故防止・安全管理の5重層構造」の認識・理解の下，リスクマネジメントの手法が駆使され，校長以下全校教職員により，事故防止・安全管理が推進されていくわけであるが，体育・部活のリスクマネジメントにおいては，とりわけ体育主任の役割・機能がきわめて肝要といえる。

② 学校の安全確保＝学校は安全でなければならない
―― 内在する危険と注意義務の二重性

(1) 学校の安全

(a) 体育・スポーツ指導者の注意義務と学校設置者の安全配慮義務

学校の教育活動に伴って，事故が発生した場合，国家は一定の学校教育体制の下，児童・生徒を教育活動に参加させているのであるから，危険を内包した教育活動の責任を引き受けている，といえよう。そして学校の設置者は，信義則上，児童・生徒に対し教育義務履行のために設置すべき場所，施設もしくは器具等の設置・管理，または学校教職員の指導のもとに遂行する教育の管理にあたって，生徒の生命・身体および健康等を危険から保護すべき義務，すなわち安全配慮義務を負っている。

私立学校の場合，児童・生徒の在学関係は，私法上の契約関係からとらえられ，この在学契約関係に付随する義務として学校は，公の性質をもつ教育の目的達成のために，安全配慮義務を負っている。一方，国公立学校の場合は，基本的には，一定の行政処分，すなわち入学許可によって発生する法的関係であり，公の性質をもつ教育の目的達成のために，

2　学校の安全確保＝学校は安全でなければならない—内在する危険と注意義務の二重性

公法上の営造物利用関係による管理権が伴うことにより，安全配慮義務を負うことになる。

　もっとも，「学校の設置者の支配，管理のもとに教育業務に従事する職員が，その実践過程で右業務に関連して生徒に対する危険の発生を未然に防止するために尽くすべき注意義務がまたとりも直さず学校設置者の負うべき安全配慮義務の内容となるというべきである」とし，体育・スポーツ指導者の注意義務は，学校設置者の安全配慮義務と同じ内容であると判示（福岡高裁平成元年2月27日判決，判例時報1320号104頁）されている。

(b)　学校の安全とリスクマネジメント（学校保健安全法）

　従来の学校保健法が「学校保健安全法」（平成20年法律第73号）に改められ，平成21年4月から施行された。その改正のポイントは「学校における教育活動が安全な環境において実施され，児童生徒等の安全の確保が図られるよう，学校における安全管理」の取り組みについて明定したことであり，各学校で子どもの安全を守るための取り組みをすすめていくためには，事故・災害の発生のメカニズムを時系列面からとらえ，次のような3段階の危機管理に対応して，安全管理と安全教育の両面から取り組むこととしている。

表2　危機管理への対処

① 安全な環境を整備し，事件・事故の発生を未然に防ぐための事前の危機管理
② 事件・事故の発生時に適切かつ迅速に対処し，被害を最小限に抑えるための発生時の危機管理
③ 危機が一旦おさまった後，心のケアや授業再開を図るとともに，再発の防止を図る事後の危機管理

　児童・生徒の安全の確保という経営目標が措定された場合，その達成を企図するのが経営計画である。計画作成に際しては，一般的に，計画の目的・目標とその理由，合理的・経済的代替案の選択，行動の場（所）とタイミング，計画作成及び遂行の主体（義務と責任）および，行動方法・様式等について，計画そのものの限界に留意しつつ考慮すべきである。

いわゆるリスクマネジメント・プラン（危険または危機管理計画）として作成され，実施されることになるが，そのために各学校において法律や保険問題のエキスパートを含む安全委員会（仮称）が組織されることが望まれる。

そして何よりも経営計画が効果的に機能するのは，教職員の理解・支持が前提となるので，体育主任を中心とした体育関係教職員はもとより，全校教職員が一体となって作成に参加し，受動的姿勢・態度ではなく，「安全の確保・充実」に関する計画遂行にあたるという，計画段階からの積極的参加が望ましい。

(2) 体育の授業の安全とリスクマネジメント

(a) 授業中の事故

授業のいわば構成要素（A群）としては，教育者（教員），被教育者（児童・生徒），教育内容（教育課程），教育方法，学習環境（教室・体育館・運動場等の学習の場や実施時期・時間等）が挙げられる。

一方，通例，体育・スポーツ事故が惹起される要因として次のような3要因（B群）が挙げられる。すなわちⅠ 体育・スポーツ活動参加者にかかわる要因（①体育・スポーツ活動者自身にかかわる要因〈例えば，活動者の年齢，性別，知能および健康状態等の個人的・属性的要因等〉，②体育・スポーツ指導者にかかわる要因，および③観衆等の第三者にかかわる要因），Ⅱ 体育・スポーツの固有性・特性的要因（例えば，ラグビーや柔道や徒競走などのスポーツ種目や活動の種類により危険度が異なる），Ⅲ 環境的・物的要因（場所や天候等の自然的状況を含めた環境的要因と施設・設備・用具等の要因）であり，これら3要因が，単独，あるいは複数が相互に複合的に組み合わさって，ないしは，からみあって，体育・スポーツ事故が惹起されているといえよう。

体育の授業中，事故が起きた場合，授業のいわば構成要素（A群）のうちのどれかと，体育・スポーツ事故の惹起要因（B群）のうちのどれかが，1つまたは2つ以上が主因となって，学習者に何らかの傷害をもたらしている。

学習指導要領が改訂（平成20年3月28日）され，とりわけ中学校の第1学年と第2学年では，教科体育の運動領域として新たに武道が必修化（詳しくは第Ⅱ部「保健体育科と学習指導要領」参照）されたため，学

2 学校の安全確保＝学校は安全でなければならない―内在する危険と注意義務の二重性

校および指導の現場では，上記の授業の構成要素（A群）の教員と児童・生徒および体育・スポーツ事故の惹起要因（B群）の分類で述べてみると，Ⅰの，①様々な個性や属性を有する活動者（運動好きな者ばかりでなく，少なからず運動が嫌いだったり，苦手なため，著しく運動意欲を欠く者）がいることと，②指導者である担当教員達の武道の経験や技量等の専門性に深浅があることおよび，Ⅱは，同時に必修化（平成24年4月）されたダンスなどとは異なる格技という特性を踏まえて，定められた指導時間で，「何を（教育内容）」「どのように指導するか」などについて，関心が集まっている。

上記を念頭に入れて，安全な体育の授業について若干述べてみよう。

(b) 学校教育法

一般的に，学校教育法により，教員は親権者などの法定監督義務者（民法714条1項）に代わって，児童・生徒を監督する義務を負っている。（同2項）体育指導上の過失は，指導の際，事故の発生に関し，指導者に落度があったかどうか，つまり指導に要求される通常の指導基準が満たされていたかどうか，ということである。この指導上の行動基準が注意義務であり，この基準の具体的なものが，学習指導要領であり，文部科学省や教育委員会から出される通達や規則であり，またそれぞれのスポーツにおけるルールやマナーである。

指導者である教員に過失があるとした場合，過失があるということは注意義務（内容的にみれば危険予見義務と危険回避義務よりなる）が果たされていないということであり，尽くされていたかどうかは，通例，上述した体育・スポーツ事故が惹起される3要因（①児童・生徒等の属性的要因，②体育・スポーツ活動の種目による危険度③体育・スポーツ活動の状況的要因）および「指導者の実施水準等」が総合的に勘案されて判断される。とりわけ児童・生徒の事理弁識能力の程度あるいは責任能力との関係で決まってくる。従来の判例では，児童・生徒の危険判断や回避能力が低いほど，また活動の危険発生率が高いほど厳格となる傾向がある。それゆえ小学校低学年ではまず教員の責任が追及され，高校生（大学生）の場合だとよほど教員に落ち度がないかぎり追及されない。

「学校の教師は，学校における教育活動により生ずる恐れのある危険から生徒を保護すべき義務を負って」いる（最高裁判所1987年2月6日

判決）わけであり，体育の授業において事故の発生を防ぎ，安全な授業を進めていくために，では教員は具体的にどのようなことに配慮すべきであろうか。表3はそのための重要と思われる留意点である。

表3　安全な授業のための10の留意点

① 学校事故や体育・スポーツ事故の実態や傾向等を調べておく。
② 授業前および授業時（授業後も）の学習者の心身の健康状態を把握する。
③ 学習目標を明確で具体的に提示し学習者に理解させ，把握させる。
④ 学習者に授業内容および指導方法を理解させ，把握させる。
⑤ 学習の場の環境の整備と安全の確保——特に施設・用具の定期的および随時の点検と管理。
⑥ 運動にふさわしい服装や靴等のチェックや入念な準備運動による学習に適切な心身のコンディションの調整，および運動への集中力を高め，学習（運動）意欲を喚起する。
⑦ 学習者の個性および個人差（興味，素質，能力等）に応じた段階的指導を行う。
⑧ 季節や天候等に応じた，また午前や午後の指導時間等を勘案した柔軟で臨機応変な授業の実施。
⑨ 授業中の学習者から目を離さない。授業の状況に応じた「スロウ」（SLOW）の実施。すなわち，学習者全員を単に視野におさめて見る（See）－見守るだけでなく，注意して見る（Look），さらに観察して見る（Observe），そして神経を集中して監視して見る（Watch）－見守ることが望まれる。
⑩ 授業中，指導者は事故が発生した場合の救急法について，日頃から必要最小限の応急処置が施せるよう習得しておく，と共に重大事故や地震や津波等の非常変災に備えた当該学校が作成した「事故・変災処理マニュアル」（仮称）に従い，教育委員会をはじめ関係各機関（消防，病院，保健所，警察等）や関係教職員（校長，教頭，養護教諭，学校医，体育主任等）および保護者に，緊急性と必要性に応じて，連絡をする。

　そして事故を繰り返さないためにも，体育主任を中心とした安全委員会（仮称）の下，事故の原因の究明および事故の再発防止体制（学校の危機管理体制）のチェックと整備をすすめるとともに，事故責任の所在の検討もなされる必要があろう。

(3) 課外活動（部活・学校行事）の安全とリスクマネジメント

(a) 部活動の安全

(i) 指導中の事故　部活動の指導中，しかも勤務時間外の指導で事故が発生した場合，校長が責任をとりうる態勢の下に実施されるなら，担当教員および校長の職務上の指導監督義務を免れることはできないとされている（「藤園中柔道クラブ事件」熊本地裁昭和45年7月20日判決）。

改訂された中学校学習指導要領第1章総則第4の2(13)において，教育課程外の学校教育活動である部活動について，教育課程との関連が図られるよう留意することや運営上の工夫を行うことなどが示されている。また同解説保健体育編では，運動部の活動は主として放課後に行われ，希望する同好の生徒によって行われる活動であることから，生徒の自主性を尊重し，休養日や練習時間を適切に設定するなど，健康・安全に留意し，適切な活動が行われるよう配慮して指導することが必要であることが述べられている。

このような運動部活動は，スポーツの楽しさや喜びを味わい，豊かな学校生活を経験する活動であるとともに体力の向上や健康の増進にも極めて効果的な活動である（同解説保健体育編）。このように有意義な運動部活動について，次のような①～⑤の事項が，(ア)～(カ)の事項との関係において，種々様々な弊害ないし問題も指摘されている。

① 部活動の目的・目標および性格（教育と運動の調和と両立，勝利〈主義〉志向，欲求充足〈楽しみ〉志向）
② 人（部長・顧問・監督・コーチと影響）
③ 物（施設・設備・用具等の安全点検や補修・補充と使用）
④ 金（部費，対外試合遠征費等の負担と徴収）
⑤ 管理運営（指導組織，健康，安全管理等）

そしてこれらが，(ア)当該運動部内，(イ)当該運動部と他運動部や同好会，(ウ)運動部全体と文化部等，(エ)教科体育と運動部活動，(オ)教育課程・学校（教育活動）と部活動（運動部），(カ)家庭や（地域）社会と部活動（運動部），様々な体育団体（中体連・高体連・高野連等）や競技団体と部活動（運動部）との関係から，さまざまなかたちとなって現出している。

例えば，勝利至上主義にかかわる長く厳しい練習（「しごき」「体罰」

表4　部活動の留意点

① 児童・生徒の発達段階や運動技術・技能や体力の程度に応じて，練習計画を立て，指導者および児童・生徒相互による健康観察（活動前，活動中および活動後も）を行い，季節や天候等に応じた練習の方法や内容（質と量や強弱）を変更あるいは修正するなど，臨機応変に，柔軟に部活動を実施する。

② 1つ1つの部活動の内容や実施方法が安全であっても，2つ以上の複数の部活動が，同一の場所を共用する場合，部員が交錯するなど，事故を惹起しかねない。安全な練習の場や施設・用具を確保するため，あらかじめ部活動間で，話し合い，曜日や時間帯等をズラすなどして，できるだけ使用機会の公平化を図り，必要であれば，防護ネット等を張って仕切る。また必ず施設・用具の事前・事後の点検を定期的（月1回）および随時行う。とりわけ使用前の安全の確認を習慣化したい。

③ 運動部活動が，健康・体力の維持向上や楽しみ志向よりも，競技会（大会）に出場するための勝利志向である場合は，長期間にわたるハードな練習計画が立てられ，ひたすら試合の勝利を目指して厳しい練習が日々続けられる。指導方法も高度な技術や技能を習得するため苛酷な練習，「しごき」となったり，時には激しい叱咤激励が身体への直接行使といういわゆる「体罰」になり勝ちである。なお，文部科学省は部活動の指導にあたって体罰禁止の徹底を期すために，平成25年1月23日に通達を出している（体罰禁止の徹底及び体育に関する実態把握について24文科初第107号）。

　また，このような運動部活動に文部科学省は体罰などの「許されない指導」と，「認められる指導」のガイドラインを示している。すなわち，「許されない指導」例としては，「熱中症を起こすかもしれない状況で，水を飲ませず長時間ランニングさせ」たり，「防具で守られていない特定の部位への攻撃を繰り返す」など，特定の生徒に対して独善的に過度に負荷を与えることなどである。「生徒との間に信頼関係があれば体罰は許されるとの認識は誤り」である，と明示している。一方「認められる指導」例として，「危険な行為をした生徒を指導するため，生徒の腕を引っ張る」ことは正当な行為とし，遅刻を繰り返し，計画通りに練習しない生徒を試合に出さず，見学させるのも認められる，としている。

④ 部活動顧問の選任は，可能な限り適材適所主義とし，また普段から運動部顧問間同士の連絡・連携を図り，部活動中の指導者不在は極力避ける。

2 学校の安全確保＝学校は安全でなければならない―内在する危険と注意義務の二重性

も含め）と学業の両立問題（運動成果と学業を両立させようとしたため，指導者と生徒に過重な負担を強いるケースがみられる）やスポーツ事故と責任や補償および事故防止の問題等々が挙げられる。

(ii) **課外の部活動** では，課外の運動部活動において事故の発生を防ぎ，安全な部活動を進めていくための関係担当者は，具体的にどのようなことに配慮すべきであろうか。

まず，表3にある，安全な体育の授業のための10の留意点は，安全な部活動を進めていくための重要な留意点でもあることを認識し，それらを踏まえて，以下は特に，安全な部活動のための最も基本的な原則，留意点を挙げてみた。なお，スポーツ種目特有な事故防止・安全管理については，本書の関連頁を参照していただきたい。

基本原則は
① 児童・生徒の心身の健康状態のチェック（健康管理）がきちんとなされた上で
② 体力や運動技術・技能に適した練習計画の下
③ 部員一人ひとりの個人差に応じた指導が妥当な時期に，適正な時間なされることである。

(b) **学校行事（体育的行事）の安全**

学習指導要領（平成20年7月）の特別活動の学校行事のうちの「健康安全・体育的行事」は，その内容として「心身の健全な発達や健康の保持増進などについての理解を深め，安全な行動や規律ある集団行動の体得，運動に親しむ態度の育成，責任感や連帯感の涵養，体力の向上などに資するような活動を行うこと」としている。

これまでの安全な体育の授業および安全な部活動を進めていくための留意点はまた学校行事（体育的行事）を安全に進めていくための留意点でもある。それらを踏まえて以下に，安全な学校行事を進めていくために重要と思われる留意点を挙げてみた。

表5 学校行事の留意点

① 旧文部省による「学校の体育行事等における事故防止について」通知（昭 41.2.8 文体体 83）によれば
  (a) 生徒の健康状態や体力等の差異を考慮し，画一的な計画は避けること。
  (b) 体育活動の実施にあたっては，あらかじめ生徒の健康診断，健康相談，健康観察等を徹底し，その結果に基づいて必要な場合には参加についての規制をする等の措置を講ずる。
② 参加者は，全校生か学年生であり，教科体育の授業より参加人数が多いことと，部活動と違って，必ずしも運動や体育的活動が好きということではなく，むしろ苦手で，嫌いだったりする者も少なからずいることに留意して，体育的行事の原案を作成・実施する。
　　また体育的行事には，運動会（体育祭），競技会，球技会等が挙げられるように多種多様であり，さらに運動会（体育祭）の場合でも，実施種目には，校内マラソン大会，クラス対抗リレー，ムカデ競争，騎馬戦等と競技的なものからレクリエーション的なもの，とさまざまである。それらのうち，体育主任を中心とした，運動会の実施計画の立案から運動会実施後の反省会までの運営の手順を次の表6にまとめてみたので，役割分担等参考とされたい。
　　次に，実施種目ごとに予測される危険（転倒，転落，衝突，捻挫，骨折，熱中症，交通事故等を開始〈スタート〉から終了〈ゴール〉まで）に対する事故防止・対応策（事故の際の救急用品や救急指定病院等の確保）を検討し，そのための組織・運営体制（役割分担，組織体系，管理体系）を，学年や学校全体で検討・合意して，確立する。
③ 体育的行事の実施会場の安全の確保。
④ 大きな事故や地震・落雷・突風等の非常変災に備えての，避難対策（避難経路や場所等）の作成。

2 学校の安全確保＝学校は安全でなければならない―内在する危険と注意義務の二重性

表6　運動会の運営の手順

仕事の流れ	運営の手順	教育委員会	校長	教頭	教務主任	学年主任	学級担任	体育主任	各運営係	その他
1	実施計画立案			○	○	○		●		
2	実施計画案協議検討							●		職
3	同上案および予算措置の決裁		○							
4	出場種目内容の決定						○	●		
5	必要設備，備品の点検					○	○	●	○	
6	同上の補充，修理，購入または作成実施			○		○	○	●	○	
7	運営，指導細案立案				○	○		●		
8	同上　協議確認		○	○	○			●		
9	各種目の指導計画細案作成，実施					○	○	●		
10	賞状（参加賞，記念品）等の準備								○	
11	プログラム作成用調査用紙配布，回収						○	●		
12	プログラム原案作成				○	○		●		
13	同上について協議検討							●		職
14	案内状印刷，発送			●				○	●	
15	各種目の放送内容準備								○	
16	各係間の連絡調整							●	●	
17	各係の打合せおよび準備							○	●	
18	予行練習打合せ							●		職
19	同上　実施，反省							●		全
20	運動会事前指導				○		●	○		
21	運動会会場の準備							●		全
22	事前打合せ							●		職
23	運動会実施							●		全
24	運動会事後指導				○		●	○		
25	運動会反省会							●		職
26	運動会記録の整理，保管				○			●	○	

（注）　職＝職員会議　　全＝全職員

(4) 学校のプールにおける事故防止・安全チェックポイント

　教育課程および課程外を問わず，学校のプールにおける活動という視点から，活動前・活動中・活動後に区分して，事故防止・安全のためのリスクマネジメントを具体的に進めるため主なチェックポイントを表にまとめてみた。水泳の授業をはじめ，部活動の練習や体育的行事で校内水泳大会等を企画実施する際の参考とされたい。

表7　学校プールにおける事故防止・安全チェックポイント

	〈事前〉 〈健康・衛生管理と安全点検〉	〈活動中〉 水泳指導	〈事後処理〉
教師（学校）	プール担当教師と養護教諭・学校医等との連携（プール管理委員会などの設置による役割分担の明確化および情報収集・処理や確認等） 〈水泳指導〉適切な水泳指導計画および校長等上司の承認	① プール安全利用計画・マニュアル・規則等に則った指導・監督・管理・監視・警備・保安等 ② 泳力に応じた指導 ③ 適切な指導員・監視員の配置 ④ 緊急救護体制・方法（学校医を始め関係機関・施設等および保護者との連絡）の整備確立	① 水泳指導に関する評価と反省（指導記録等）
児童・生徒	健康診断・健康観察・健康相談等（定期・臨時・随時），健康・体力状態の認識等	① ルール・マナーの遵守 ② 人員点呼・準備運動や整理運動の実施 ③ 適切な水泳の実施（水泳着の着用，全身洗浄，適切な水中時間と休憩等） ④ 泳力の認識や水泳中の身体異常への対処・対応 ⑤ 緊急時の対処・対応（連絡方法等）	① 水泳実施後の洗眼・うがい・シャワー・耳の中の水処理および水泳着の始末等 ② 水泳実施後の健康チェック
プール、施設、設備	① 水質・水温等の検査（「学校環境衛生基準」「遊泳用プールの維持管理基準」等参照） ② プールの安全点検　プールと外部・環境管理（塀・柵・施設等による安全の確保等）およびプール本体の安全管理（排水口の構造点検・改善等） ③ プールサイドの安全点検（滑り止め等の転倒防止等）と整理・整頓 ④ その他の施設・設備の点検および整理・整頓——危険施設・設備および潜在危険物の固定・撤去・除去等		① シーズン中の維持・保全 ② シーズオフの維持・保全 ①②のいずれも ⅰ）補修・補充等 ⅱ）整理整頓・清掃・警備等

【参考文献】
(1) 小笠原正・諏訪伸夫共編著『スポーツのリスクマネジメント』（ぎょうせい，2009）
(2) 諏訪伸夫・井上洋一・齋藤健司・出雲輝彦編『スポーツ政策の現代的課題』（日本評論社，2008）
(3) 諏訪伸夫『教育と医学』1997年6月号「安全な学校にするには―学校安全の確保と充実」pp.49-55.
(4) 伊藤堯『学校体育』1985年10月号「体育事故と法的責任」31頁
(5) 大段員美『体育科教育』1983年7月号「事故をなくす体育授業学」17-20頁
(6) 岡田和雄『学校体育』1985年10月号「体育事故につながる授業の盲点」40-45頁
(7) 吉本二郎・熱海則夫・宮本三郎編著『全教職員のための学校経営のチェックポイント』（第一法規，1979年）72頁

③ 危険はどこにも潜んでいる──リスクマネジメント──

(1) 生徒らの危険

(a) 日常生活での危険

われわれの日常生活では，交通事故をはじめ，工事現場での落下物や，雪国では屋根から落ちる積雪の固まりなど，危険が身近にある。学校生活を送る生徒らも，例えば，廊下でふざけ合っていてケガをしたり，階段から足を踏み外したり，掃除の時間中に箒で野球ごっこをしていた友人に箒の先を眼に当てられたりするなど，様々な危険を経験する。

(b) 体育・部活での危険（内在的危険）とマネジメント

ましてや，体育（教科「保健体育」）の授業，体育的行事（体育祭，校内競技会，体力テスト，球技大会など）やスポーツ系部活動（以下，「部活」）においては，身体を積極的に動かすことが頻繁に行われ，またラグビーのように他の生徒と接触したり，野球のようなボールが飛び交う種目が存在する。体育，体育的行事や部活動においては，学校生活の他の領域とは異なって，危険の発生が予測され，または発生の可能性が高いといっても良い（内在的危険の存在）。そして，危険の存在を認識しながらも，それらの行為は生徒の成長を促すものとして，容認されているのである。

しかし，容認されているといっても，一定の限界がある。また，予測

される危険の発生は最小限にとどめられるべきである。事故の発生をなくし、また最小限にとどめるべく対応策を措置すること、これが学校運営における体育・部活のリスクマネジメントの核心である。時には、事故発生前の予防的マネジメントを「リスクマネジメント」といい、事後的なマネジメントを「クライシスマネジメント」という場合もある。

(2) 学校保健安全制度の変更

(a) 学校保健安全法の制定

平成20(2008)年6月に従来の学校保健法が改正され、名称も「学校保健安全法」として成立した(平成21年4月から施行)。同法は学校保健法に「第3章 学校安全」を加える形をとりつつ、「従来曖昧であった学校事故・災害に係る責任の所在を明らかにするとともに、学校の安全管理体制の確立と学校安全計画策定による安全対策の実施を明確にした」ものである(江澤和雄「学校安全の課題と展望」レファレンス2009年11月号2頁)。

すなわち、3条において、「国及び地方公共団体は、相互に連携を図り、各学校において……安全に関する取組が確実かつ効果的に実施されるようにするため、学校における……安全に関する最新の知見及び事例を踏まえつつ、財政上の措置その他の必要な施策を講ずるもの」と規定した(1項)。そして、「国は、各学校における安全に係る取組を総合的かつ効果的に推進するため、学校安全の推進に関する計画の策定その他所要の措置を講ずるものとすると規定した(2項)。さらに、地方公共団体に対して、国が講ずる措置(学校安全の推進に関する計画の策定その他所要の措置)に準じた措置を講ずることを求めた(3項)。学校の設置者には、児童生徒等の安全の確保を図るため、学校の施設及び設備並びに管理運営体制の整備充実などの措置を講じる努力義務を負わせた(26条)。学校には、学校安全計画の策定・実施や危険等発生時対処要領の作成などを求めた(27条、28条)。

今回の新法の制定でも事故調査・原因究明のための機関(第三者委員会)の設置などが盛り込まれていない。事故防止のためには、一度発生した重大事故の原因究明が不可欠であり、今後の課題である。訴訟ともなれば、事故の事実関係の詳細がある程度明らかになる。しかし、途中で和解ともなることもあり、この場合には事実が公にされることもない。仮

に訴訟が判決に至ったとしても，通常提起される民事訴訟（損害賠償請求訴訟）では，必ずしも正確な客観的事実が明らかになるとは限らない。民事訴訟よりも事実関係が明らかになる刑事訴訟（例えば業務上過失致死罪）となるケースは民事訴訟となるケースよりもさらに少なくなる。元来，訴訟は，利益の公平な分配（損害賠償請求），国家に処罰（刑事訴訟）を目的としたものであって，事故原因を究明することを目的としたものではない。

また，日本スポーツ振興センターの災害共済給付制度における事故報告は，事故原因を究明するには不十分な内容である。学校設置者や学校に対して情報公開請求をしても，情報公開請求の客体である文書（学校から教育委員会に提出される事故報告書の類）に書かれた以上の内容は知ることができない。その内容自体も事故原因究明に必要な内容ではない。現状では，事故内容を詳細に把握し，事故原因を究明する制度はないといってよい。

(b) 「学校安全参考資料」（文部科学省）の作成

文部科学省は，学校保健安全法の成立及び学習指導要領の改訂（総則において安全に関する指導について新たに規定され，また関連する教科においても安全に関する指導の観点から内容の充実が図られた）の動きを踏まえて，平成13年に教職員用の参考資料として作成された「学校安全参考資料『生きる力』をはぐくむ学校での安全教育」の改訂版（以下，「学校安全参考資料（改訂版）」）を平成22年3月に発行した。下記学校安全推進計画中に「国により良質な教材や参考資料等が作成されているにもかかわらず，学校現場で十分周知・活用がなされていないとの指摘があり」との記述がある。本資料は，その「良質な……参考資料」の1つである。

(c) 国の学校安全推進計画の策定

国は，学校保健安全法3条1項にもとづいて，平成24年4月27日付けにて「学校安全の推進に関する計画」（以下，「学校安全推進計画」）を策定した。平成24年度から28年度までの5年間の実施を予定している。最初に児童生徒などの安全を取り巻く現状と課題を指摘し，以下，学校安全を推進するための方策として，①安全教育の充実，②施設・設備の整備充実，③組織的取組の推進，④地域社会や家庭との連携を図った推進などを掲げている。このうち，組織的取組として，学校安全計画の策

定,人的体制の整備,安全点検,教職員の研修などの推進(教職員研修,教職希望者への安全教育),危険等発生時対処要領の作成などを挙げている。

学校安全推進計画は,前掲「学校安全参考資料(改訂版)」の作成後に策定されている。したがって,前掲学校安全参考資料(改訂版)を踏まえて検討がなされていることに配意する必要がある。

なお,平成24年4月からの新学習指導要領の実施に伴って,安全な武道の授業の実施のために,文部科学省では各都道府県や市区町村教育委員及び国公私立の学校に対してスポーツ・青少年局長名による通達(「新しい学習指導要領の実施に伴う武道の授業の安全かつ円滑な実施について」平成24年3月9日,23文科2等918号)を出している。

(3) 他の法制度・行政計画との関連性

ここで,スポーツ事故の防止や学校最近,制定・策定されたスポーツ基本法とスポーツ基本計画における事故防止に触れておく。

(a) スポーツ基本法における事故防止

(i) 学校における体育の充実　　2011(平成23)年6月にスポーツ基本法が成立した。東京オリンピック(1964年)前の1961年に制定されたスポーツ振興法が全面改正されたのである。17条で「学校における体育の充実」とのタイトルの下,「国及び地方公共団体は,学校における体育が青少年の心身の健全な発達に資するものであり,かつ,スポーツに関する技能及び生涯にわたってスポーツに親しむ態度を養う上で重要な役割を果たすものであることに鑑み,体育に関する指導の充実,体育館,運動場,水泳プール,武道場その他のスポーツ施設の整備,体育に関する教員の資質の向上,地域におけるスポーツの指導者等の活用その他の必要な施策を講ずるよう努めなければならない。」と規定した。スポーツ基本法は,スポーツ振興法では規定されなかった学校体育に関する期待を込めて上記のような規定を新たに設けた。体育による青少年の健全な発達への貢献に期待しているということである。

(ii) 事故防止に関する規定　　スポーツ振興法は,事故防止に関して16条で「スポーツ事故の防止」との見出しの下,「国及び地方公共団体は,登山事故,水泳事故その他のスポーツ事故を防止するため,施設の整備,

指導者の養成，事故防止に関する知識の普及その他の必要な措置を講ずるよう努めなければならない。」と規定していた。

　これに対し，スポーツ基本法は，14条で「スポーツ事故の防止等」との見出しの下，「国及び地方公共団体は，スポーツ事故その他スポーツによって生じる外傷，障害等の防止及びこれらの軽減に資するため，指導者等の研修，スポーツ施設の整備，スポーツにおける心身の健康の保持増進及び安全の確保に関する知識（スポーツ用具の適切な使用に係る知識を含む。）の普及その他の必要な措置を講ずるよう努めなければならない。」と規定された。スポーツ事故に限定しないで，スポーツにより生じた外傷や障害等までも広く対象としていること，事故等が生じた場合の外傷等を軽減するための措置までをも対象としていることが，スポーツ振興法との違いであるとされている（日本スポーツ法学会編『詳解スポーツ基本法』（成文堂，2011）241頁）。事故に限らない学校安全の趣旨と軌を一にするものである。

(b)　スポーツ基本計画との関連性

　スポーツ基本法9条1項において，文部科学大臣（国）は，スポーツに関する施策の総合的かつ計画的な推進を図るため，スポーツの推進に関する基本的な計画を定めなければならないこととなった。これに基づいて2012（平成24）年3月に行政計画として策定されたのが「スポーツ基本計画」である。

　そこでも「第3章　今後5年間に総合的かつ計画的に取り組むべき施策」の1つとして「(2)学校の体育に関する活動の充実」が取り上げられている。その中で，課題の1つとして「体育・保健体育の授業や運動部活動等，学校の体育に関する活動においては，毎年度，重大な事故が報告されており，安全面での更なる配慮・工夫が求められている。」と指摘している。そして，今後の具体的施策の展開として「国及び地方公共団体は，学校の体育に関する活動を安心して行うことができるよう，スポーツ医・科学を活用したスポーツ事故の防止及びスポーツ障害の予防・早期発見に関する知識の普及啓発や，学校とスポーツドクター等地域の医療機関の専門家等との連携を促進するとともに，安全性の向上や事故防止等についての教員等の研修の充実を図る。その際，マウスガードの着用の効果等の普及啓発を図ることも考えられる。また，学校で保有し

ているスポーツ用具の定期的な点検・適切な保管管理に関する啓発を図る。」と述べている。

　学校安全については，基本的な制度としては，学校健康安全法ということである。しかし，その後に制定，策定されたスポーツ基本法やスポーツ基本計画のうち，学校体育における事故防止等に関するものは，国の政策として学校運営に当たっては十分に留意されるべきである。学校安全を考えるに当たっては，これらの視点も十分に配慮されるべきである。学校安全参考資料（改訂版）では，マウスガードの着用についてはすでに指摘されていたが（70頁），学校とスポーツドクター等地域の医療機関の専門家等との連携（救急機関，学校医との連携ではない）には特に触れていない。学校安全計画で主に運動部活動において検討されてよい点である。

(4)　学校安全等の概念

　文部科学省は，前掲学校安全参考資料（改訂版）において，「学校安全の定義」として次のように述べている（22-23頁）。すなわち「学校安全は，安全教育と安全管理，そして両者の活動を円滑に進めるための組織活動という3つの主要な活動から構成されている。」「安全教育には，安全に関する基礎的・基本的事項を系統的に理解し，思考力，判断力を高めることによって安全について適切な意志決定ができるようにすることをねらいとする『安全学習』の側面と，当面している，あるいは近い将来当面するであろう安全に関する問題を中心に取り上げ，安全の保持増進に関するより実践的な能力や態度，さらに望ましい習慣の形成を目指して行う『安全指導』の側面があり，相互の関連を図りながら，計画的，継続的に行われるものである。」とする。

　「学校における安全管理は，事故の要因となる学校環境や児童生徒等の学校生活等における行動の危険を早期に発見し，それらの危険を速やかに除去するとともに，万が一，事件・事故災害が発生した場合には，適切な応急手当や安全措置ができるような体制を確立して，児童生徒等の安全を確保することを目指して行われるものである。」「安全管理は，児童生徒等の心身状態の管理及び様々な生活や行動の管理からなる人的管理，さらには学校の環境の管理である対物管理から構成される。」とする。

さらに組織活動も学校安全の一内容とし、「安全教育や安全管理は、内容、対象となる場、行われる機会などが多様である。安全教育と安全管理を効果的に進めるためには、学校の教職員の研修、児童生徒等を含めた校内の協力体制や家庭及び地域社会との密接な連携を深めながら、学校安全に関する組織活動を円滑に進めることが極めて重要である。」とする。

(5) 学校の安全計画と指導

(a) 学校安全計画の作成・実施

　学校安全計画は、学校での安全の確保を目指して、安全教育（安全学習・安全指導）と安全管理の各内容を統合して、全体的視野に立ち、年間を見通して建てられる計画である。学校安全計画の策定率は、文部科学省の調査結果（2010(平成22)年3月）によれば92.3％である。

　国の学校安全推進計画は、「実施するに当たっては、内容や手段、学校内の取組が適切であったか等定期的に取組状況を振り返り、点検し、次の対策につなげていくことが重要であり、計画、実行、評価、改善（PDCA）サイクルを確立していく中で、より効果的な学校安全活動を充実させることが必要である」と指摘する。

(b) 学校安全計画の内容

　文部科学省は前掲学校安全参考資料（改訂版）において、学校安全計画の内容として、(i)安全教育に関する事項、(ii)安全管理に関する事項、(iii)安全に関する組織活動、の3つに分類している。

　(i)については、①学年別・月別の関連教科、道徳の時間、総合的な学習の時間における安全に関する指導事項、②学年別・月別の安全指導の指導事項、③児童（生徒）会活動、クラブ活動・部活動等での安全に関して予想される活動に関する指導事項、などを記載事項として指摘する。

　(ii)については、①生活安全、②交通安全、③災害安全を掲げ、生活安全の中で、「ア　施設・設備、器具・用具等の安全点検」、「イ　各教科、学校行事、クラブ活動・部活動、休憩時間その他における学校生活の安全のきまり・約束等の設定、安全を確保するための方法等に関する事項」「ウ　生活安全に関する意識や行動、事件・事故災害の発生状況等の調査」などを記載事項として指摘する。

(c) 学校安全計画作成例

文部科学省が,前掲学校安全参考資料(改訂版)の付録において,「学校安全作成例」として校種ごとに示しており,また都道府県レベルの地方自治体でも,学校安全マニュアルなどで,地域内の学校に対して,作成例を提示している。各学校はそれらを参考にして作成している。国の学校安全推進計画は,「学校安全計画は,避難訓練等の安全指導も含めた安全教育に関する内容や学校の施設及び設備の安全点検,教職員の研修等も盛り込むこととされており,その内容を充実させるため,それぞれの具体的な記述」のなされることを求めている。この趣旨に沿った学校安全計画の作成が期待される。

(6) 体育・部活の安全と指導

(a) 体育・部活の安全教育

(ⅰ) 「体育」の安全教育——安全学習—— 中学校及び高等学校の授業「保健体育」等の教科授業で実施される安全教育は,主として安全に関する基礎的知識の習得や適切な危険回避の判断ができる力の養成を目指す「安全学習」に位置付けて実施されている。授業のカリキュラムにしたがった指導(時には特定のスポーツ種目に限定される)が行われることになる。地方自治体によっては,詳細な「中学校保健体育指導の手引」「高等学校保健体育指導の手引」が作成され,それによって教科「保健体育」の授業の一部として実施されている。以下,前掲学校安全参考資料において,安全学習として授業で実施される主なもの(学校安全計画作成例を含む。一部筆者加筆)を示す。

〈中学校〉
・集団行動様式を学ばせる。
・体育倉庫の施錠や体育用具の使い方を学ばせる。
・自己の体力を知らせる。
・集団行動と協調性について学ばせる。
・体育備品の点検整備を学ばせる。
・事故災害の原因や防止の仕方を学ばせる。
・新体力テストの行い方と測定方法を学ばせる。
・水泳の事故防止(自己健康管理)について学ばせる。

3 危険はどこにも潜んでいる―リスクマネジメント

- 陸上運動の適切な場所の使い方と測定の仕方を学ばせる。
- 長距離走における健康状態の把握と個人の体力にあったペース配分について学ばせる。
- 器械運動における段階的な練習と適切な補助の仕方を学ばせる。
- 武道における場所，用具の適切な使い方と手入れ（禁じ技など）について学ばせる。
- サッカーにおける適切な用具，場所の使い方（ゴールの運搬や固定の仕方等），ルールやマナーの徹底，ゲームの安全について学ばせる。
- バスケットボールにおける適切な用具，場所の使い方，ルールやマナーの徹底，ゲームの安全について学ばせる。
- 体育器具用具の点検や備品の整理を学ばせる。
- 事故発生時の応急手当について学ばせる。
- 心身の機能の発達と心に健康について学ばせる。
- 傷害の防止について学ばせる。

〈高等学校〉

- 体育施設・用具の安全点検を学ばせる。数月に一度，年6回程度実施。
- 雨季の体育館，グラウンド使用（転倒防止）について学ばせる。
- 応急手当について学ばせる。
- 水泳の安全について学ばせる。
- 熱中症の予防について学ばせる。
- 野外活動と安全について学ばせる。
- 健康と運動について学ばせる。
- 体育大会の準備を学ばせる。
- 体育大会の事故防止を学ばせる。
- 体力について学ばせる。
- 冬季スポーツの意義について学ばせる。
- 校内マラソン大会の安全について学ばせる。
- 安全に関する評価について学ばせる。

(ii) 「部活」の安全教育——安全指導—— 部活動に関する安全教育は，主として安全確保に関する実践的な能力や態度，望ましい習慣の形成を目指す「安全指導」に位置付けて実施されている。以下，前掲学校安全参考資料において，安全指導として部活動で実施される主なもの（学校安全計画作成例を含む。一部筆者加筆）を拾い上げる。

〈中学校〉
・部活動ガイダンスでその学校での部活動について指導する。
・その部活動での練習の進めについて指導する。
・部活動保護者会を開催し，部活動についての指導をする。
・熱中症予防の指導をする。
・冬季に多い傷害の予防について指導する。
・応急手当により傷害の悪化を防止できること，応急手当には心肺蘇生等があることなどを指導する。

〈高等学校〉
・新入部員オリエンテーションで指導する。
・部活動で使用する用具の点検・整備を指導する。年3回程度実施。
・部活動部長会で指導する。同時使用のグラウンドの調整の必要性（後出，福岡地小倉支判昭和59年1月17日判例時報1122号142頁）。
・救急法実技講習会を開催する。
・合宿および遠征での安全を指導する。年2回程度実施。
・活動場所の安全点検を指導する。
・部室の安全点検を指導する。
・適切な応急手当は，傷害や疾病の悪化を軽減できること，応急手当には正しい手順や方法があること。心肺蘇生等の応急手当は，傷害や疾病によって身体が時間の経過とともに損なわれていく場合があることから，速やかに行う必要があることを指導する。

(b) 体育・部活の安全管理

前掲学校安全参考資料において，安全管理として実施されるもの（学校安全計画作成例を含む。一部は筆者加筆）を拾い上げる。体育，部活共

3　危険はどこにも潜んでいる—リスクマネジメント

通のものが多く，一括して掲げる。
　(i)　対人管理

〈中学校〉
・身体の安全について，および，けがの予防への配意。年2回程度。
・校舎内の安全な過ごし方への配意。
・プールにおける安全の管理について配意。
・自分でできる点検ポイントへの配意。
・救急体制の見直しへの配意。
・夏季休業中の部活動での安全と対応についての配意。
・施設・設備等の安全な使い方への配意。
・定期健康診断の実施。
・授業・部活動中の態度観察。
・熱中症予防について指導。
・落雷の危険の指導。
・部活動と健康管理についての指導。

〈高等学校〉
・救急体制の確立。
・事故調査と防止対策。
・生徒引率の安全確認。
・授業時の安全管理点検。
・体育大会の安全対策。
・事故災害時の応急手当の徹底。教職員へのAEDの講習会の開催。
・校内マラソン大会の安全対策。
・校内球技大会の安全対策。
・本年度の事故発生のまとめ。
・合宿・遠征時に関する指導。

(ii)　対物管理
　　中学校・高等学校ともにほぼ共通するので一括して扱う。
　　①　施　設
　　◆運動場など校舎外の整備。

◆施設・設備等の安全な使い方への配意。
◆プール，体育館，格技場，部室，運動器具の安全点検整備。ほぼ毎月実施。
[特にプール]
　・浄化・消毒装置，シャワー洗顔器などの作動性。
　・浄化・消毒装置，シャワー洗顔器などの利用性。
　・プールへの危険物や異物などの混入。
　・プールの排水（環）口の蓋等の固定。
　・プールサイドやプール周辺の危険性。
　・出入口等の施錠。
　・プールの消毒液の保管状況や取扱い方。
　・連絡用電話の接続状況など。
[特に体育館]
　・床面や壁面（ステージを含む）の破損。
　・電源等の安全。
　・体育施設や体育用具の破損や劣化。
　・大型遊具等の整理状態など。
[特に体育等の固定施設・移動施設]
　・鉄棒，バックネット，防球ネット及びその支柱などの破損や劣化。周囲の状態，設置状態など。
　・サッカー，バスケット，ハンドボールなどのゴールポストの固定の状態や破損・劣化。
　・テントの破損・劣化。
　・風雨等の自然環境の影響など。
② 用　具
◆体育用具・部活動用具の安全点検・修理。
[特に運動用具等の倉庫]
　・倉庫や用具室の整理整頓。
　・倉庫の施錠，錠の故障，かぎの管理。
　・石灰の保管状況や取り扱い方。
　・用器具等の保管状況や利用法。
　・生徒等の出入りの管理　など。
　・AEDの適正管理（電池切れなどの回避）。

④ 事故が起きた時あなたはどう対処するのか

　前掲学校安全参考資料（74-75頁）では、「第5節　事件・事故災害発生時の危機管理」において，事前の危機管理体制の確立，危険等発生時対処要領（危機管理マニュアル）の周知，訓練の実施などが必要であると述べた上で，事件・事故災害発生時には「迅速かつ適切に対応することが求められる。危険等発生時対処要領（危機管理マニュアル）に沿って，危機管理責任者である校長（副校長）を中心に遺漏なく対応し，児童生徒等の安全を確実に確保し，速やかな状況把握，応急手当，被害の拡大の防止・軽減等を実施する。事態が収拾した直後から，保護者及び関係者への連絡・説明を速やかに行い，教育再開の準備や事件・事故災害の再発防止対策を実施する。また，心のケアなど必要な対策を講じることが必要である。」と指摘している。ここでは，ここに挙げられている事項やその他適切な対応が求められる事項について留意したいことに触れ，併せて補足的説明をする。

(1) 救急・緊急連絡体制

　この中核をなすのが緊急役割分担表と緊急連絡網である。特に重大な受傷事故が発生した場合に必ず必要となる。後出危険等発生時対処要領（危機管理マニュアル）の重要な柱となる。

　緊急役割分担表は，教職員全員が在校することを前提として作成されるのが通常である。しかし，教職員の誰かが不在をするケースも日常的にあるのであるから，このような事態（特に救護の任にあたる養護教諭の不在）も想定して作成されるべきである。

　緊急連絡網は，受傷事故が発生した場合に，連絡すべき人や機関に漏れの無いように一覧して記載されていることが求められる。連絡先がもれなく網羅されているという実感（確信）を持つことにより，次のステップに自信をもって臨めることとなる。ただし，事故の発生状況により，連絡先の追加もありうる。

　校内での事故に対する救急・緊急連絡体制（前掲学校安全参考資料134頁参照）と校外でのそれとは，別個に作成することが望まれる。登山や

野外活動のようなケースでは、活動計画書の中に別途盛り込んでおく。

(2) 危険等発生時対処要領（危機管理マニュアル）の作成・周知・活用

(a) マニュアルの重要性

一旦事故が発生した場合の緊急事態への即時対応は、マニュアルの有無によって随分違う。またその存在からもたらされる安心感により本来の学校教育に専念できるメリットも大きい。学校の実状に合わせたものが作られるべきである。

(b) 個別対応マニュアルの作成・活用

事故の発生が身近に想定されたり、また近時重大な事故として、特別な対応が求められる学校事故については、個別に対応するマニュアルを一般的な危険等発生時対処要領（危機管理マニュアル）の中で、または独立して作成することも有益である。地方自治体（教育委員会）によっては、熱中症、プール事故、野外活動（登山を含む）中の事故、落雷事故、柔道事故などが作成されている。

(3) 応急手当（AEDを含む）と医療機関

生徒が傷害を受けた場合は、被害の解消または拡大を阻止するために、素早い対応をしなければならない。現状では、傷害への応急処置（負傷箇所の治療、AEDでの救済）や医療機関による救済への行動である。傷害への応急処置については、「第4章 スポーツ事故の現状とメカニズム」で具体的症状に応じて記述されるので、該当する箇所を参照していただきたい。ここでは、AEDと医療機関による救護について述べる。

(a) AED

事故（特に傷害）が発生したら応急手当をする必要がある。学校には養護教諭が配置されており、救護の職責を担う養護教諭を呼ぶのが通常である。しかし、事故によっては、一刻の猶予も無いケースがある。AED（自動体外式除細動器）を使用することもその一つである。AEDは、養護教諭のみならず、どの教職員でも操作できるものであり、必要な場合には操作しなければならない。

(i) 普及のきっかけとなった判決　　平成14年に、公園で小学4年

生AとBが投球練習（軟式C球を使用）をしていたところ，捕手役Bの近くにいた小学5年生の男子C（そばにあった滑り台で遊んでいる妹を見ていた）に，外れたボールが命中し，Cが死亡した。この事故で，Cの両親が，AとBの各両親に対して損害賠償請求訴訟を起こした。裁判所は，A・Bやその両親らも共に，投げたボールが近くの子に当たれば，死ぬこともあるという予見をすることができたとして，心臓震盪による死亡が初めて認められ，被害者の両親の請求を肯定した（仙台地判平成17年2月17日判時1897号52頁）。

(ii) **心臓震盪と心室細動** 心臓震盪とは，胸部に衝撃が加わることによって，心室細動（心臓の筋肉が小刻みに震えている状態）が生じ，心臓が停止してしまい，いずれ死に至るというものである。特に成長期にある子どもは，胸部への衝撃が心臓に伝わりやすいことから，大人より，発症の可能性が高い。この心室細動を体外から除去しようとするのが，AEDである。

(iii) **設置・携帯義務の有無** 現在では，AEDの設置のみならず，練習場所や試合会場への持参・携帯する法的義務もない。しかし，生徒の安全確保，事故防止の観点から，設置や部活動などでの携行ができればなお良い。

(iv) **使用しなかったときの法的責任** AEDが普及するに伴い，最近は，AEDの設置の有無だけでなく，AEDの不使用が問題とされている。高校野球部の練習試合中に打球が三塁手に当たり，その選手が心臓震盪により倒れたケースで，AEDは設置されていたが，使用されなかった場合に，裁判所は，事故当時（平成17年6月），一般の教育関係者やスポーツの指導者の間に心臓震盪及びAEDに対する知見は広まっていなかったとして，野球部長や監督にAEDの不携行や使用方法についての未習得について違法性や過失はないとした（長野地飯田支判平成21年3月31日判例集未登載，スポーツ法研究13号11頁全文掲載）。現在では，具体的な状況にもよるが，法的責任を負う可能性もある。設置してある以上，たとえ自信が無くても，操作を試みることが必要である。シーズン開始前後に操作講習を，審判や指導の技術講習の機会にでも行えば，自信のなさを少しでも克服することになる。

(v) **その他留意事項** 設置が進むことは望ましいが，新たな課題もある。部品の使用期限徒過，電池切れ，AEDの限界（野球用の胸部保護

パッドでも，すべての衝撃を消去できない）などは，適切な管理・使用方法への理解が必要である。最近では，① AED 使用の前に必ずしも人工呼吸をする必要はないこと，②胸骨圧迫はより強く（5cm の深さ）すること，③より速く（100 回／1 分間）行うこと，といった取り扱い上の改正が行われた。

(b) 医療機関

事故発生時の救護として，応急手当の次の段階として医療機関（消防署・救急車，救急病院）による救命救急が重要である。幾つかの留意事項を述べる。

(i) **救急車を学校に呼ぶことへのためらい**　以前，学校で事故が発生すると，救急車の発動依頼をためらったり，学校付近に来たときに学校での事故とわからないように消防車用サイレンを留めて入校して欲しいとの要請が学校側からなされることがあった。現在では，このようなことは無くなってきたようであるが，必要なときは，積極的に発動依頼をするべきである。

(ii) **携帯電話による 119 番通報の仕方**　重症と思われる場合や頭頸部打撲・損傷等の場合には応急手当をしつつ，救急車を呼ぶこととなる。学校の施設内での事故の場合，学校の名前を伝えれば，所在地などは消防関係部署で把握できるが，部活動などで校外で実施されるような場合の事故では，携帯電話を使うこととなる。そこで，携帯電話による通報の仕方を心得ておく必要がある。救急車の呼び方は，市外局番をつけずに「119」で掛ければよい。過去に持久走中に倒れた児童の救護のため，消防署に市外局番「092」＋「119」で通報しようとした教員の過失が問題とされた事例（福岡地判平成 14 年 3 月 11 日，福岡地裁ホームページ「主要判決速報」）がある。携帯は，発信地表示システム（一般電話からの通報の場合，119 番受信と同時に通報者の住所，氏名，電話番号が自動的に表示されるシステム）が働かないので，そのことを認識して，事故発生の場所を冷静に正確に伝える必要がある。GPS 機能付きの携帯では，場所の特定がしやすいが，建物内からの通報では，位置情報の精度が落ちるため，屋外から通報する。

(iii) **担架で運ぶか，救急車を呼ぶか**　学校と医療機関が近距離にあったり，また学外での教育活動中の事故が，医療機関の近くで発生し

たり場合もある。このような場合，傷害した生徒が自力で医療機関に出向けない場合，担架で運ぶか，救急車を呼ぶかの判断を求められる場合がある。事故の状況にもよるが，両者の利点と欠点を理解しておく必要がある。担架で運ぶ場合は，医療機関へ運ぶ時間が予測できる点に長所があり，負傷者を動かすことになること，医療機関では一般外来患者扱いとなること（例外あり）の短所がある。救急車要請の場合は，救急患者として扱われるという長所があるが，到着時間が読めないことなどの欠点がある。

(iv) 学校医への連絡・学校医の活用　　学内的な医療機関としては学校医制度がある。学校医といっても，発生した事故の内容が学校医の専門分野であるか否かにより，緊急時の活用の仕方は異なる。学校側は，常日頃から学校医の専門分野，能力，技術などを十分に理解しておくべきである。

(4) 公的機関への措置

　受傷事故の場合，消防機関への協力を依頼することはあっても，警察機関への連絡は通常はしない。例えば体育授業中の試合で対戦チーム同士が軽いけがを負う暴力行為があった場合のように，警察機関に対する緊急連絡を行うケースは少ない。しかし，死亡や重傷事故の場合には，警察機関や消防機関への協力を依頼することとなる。消防機関については，下記「医療機関」の項で述べ，ここでは警察機関について触れる。

　警察機関との関係は，重大結果の発生に対して，指導教員などの過失（業務上過失致死傷罪：刑法211条など）が問題とされる場合において生じる。重大事故において，警察への報告を怠ると，事故を隠蔽しようとしたとの疑念を持たれる可能性がある。警察機関の捜査には，現状保存，収集資料の提供など，誠実に協力するべきである。

　なお，携帯から警察に通報する場合は単に「110番」のみでよく，市外局番は必要がない。

(5) 保護者への連絡と情報の提供

(a) 連絡の必要性

　生徒が傷害を受けた時は，原則として，生徒の受傷とともに，事故状況を保護者に伝えるべきである。死に瀕しているような場合や保護者に

受傷の内容を伝えなかったために，病院への通院の機会を失ったために，受傷が重くなり，また後遺症が残ることもあることから，保護者への連絡は必要である。保護者に連絡しなかったために，訴訟に至ったケース（東京高判昭和58年12月12日判時1096号72頁）もある。ただし，軽微な受傷で，生徒自身が受傷の内容を理解し，自ら保護者に伝える意思表示をしているようなケースなどでは，そのような義務はないと解される。

(b) 情報提供時の留意事項

事故発生後しばらくすると事故に関する情報の提供を保護者から求められるのが通常である。保護者が，自分の子どもがどのような状況で，受傷に至ったかを知ろうとするのは，保護者として当然のことである。その際に学校側は丁寧な応対を心がけようとするが，情報をできるだけ提供とするあまり，また保護者の強い姿勢に折れて，不正確な情報を提供してしまうことがある。例えば，陸上部の顧問教諭が受傷部員にグラウンドの周囲を5周させたと伝えたが，実際は8周走らせていたケースで，この誤りが訴訟提起につながりかねない。後日，その誤りに気が付いて訂正とお詫びをしても不信感を払拭することは極めて難しい。保護者への情報提供には特別の慎重さが求められる。

(6) 事故状況の把握

(a) 現場保全

受傷事故が発生したのが特に校内であるような場合，現場の保全は，事故状況の正確な把握の観点から重要である。警察からの要請がある場合には，学校側としては，警察への協力に努めるべきである。また，事故の原因となった物（例えば，落下したバスケットボールのゴール，倒れたサッカーゴール）は，事故原因を突き止めるためにも重要である。

(b) 記録——事故発生状況の記録の取り方——

記録を取ることは，事故が発生した場合のリスクマネジメントとして最も重要なものの1つである。特に訴訟事件になった場合に，その重要性を発揮する。訴訟では，事故当時の状況や事故発生前後の教職員の対応の仕方が問題とされる。そこで，1つの方法として，次のような一覧表［事故発生前後の状況一覧表］を作成することが望ましい。できるだけ事故発生直後に作成することが望ましい（随時追加していく）。この表

4 事故が起きた時あなたはどう対処するのか

[事故発生前後の状況一覧表]

発生日時分	発生事実	学校の対応	教委の対応	備　考
9月14日8時0分	野球部守備練習開始（監督立ち会う）。			
8時15分	守備練習の選手の胸に打球命中し、選手倒れる。			
8時16分		監督：胸骨圧迫開始。同時に養護教諭に救急車とAED手配依頼を主将に指示。		監督の後、部員も交代して胸骨圧迫を続ける（救急車到着まで）。
8時18分		養護教諭：救急車出動依頼、直後教頭へ連絡。		
8時20分		教頭：直ちに教委へ事故報告（第一報）。	教頭から事故報告を受ける（受信：A教委指導主事）。	
8時21分		AED到着、使用開始。		
8時25分	救急車到着。	監督が救急隊員に受傷生徒の状況を説明し、隊員に引き継ぐ。		

（作成日時：平成　　年　月　日時分　作成者：　　　　）

を見れば，一目瞭然だからである。事実発生の時間も分単位で記入をしておけば，事故原因の発見につながる。訴訟となった際にはそのまま訴訟資料として提出することができる。訴訟となればこのようなものが必要となる。記憶の新しい段階で正確なものを作成しておくのがリスクマネジメントである。作成日時及び作成者も記録しておけばその信用性は高くなる。

　(c)　録　　音
　(i)　録音するかどうかの判断　　学内での事情聴取に，録音をとることは，事情聴取をされた者の話した内容を正確に保存することには役立つ。しかし，録音行為が，事情聴取される側に対して理的圧迫を加えることになり，聞き出せない事実が生じることもありうる。個々，具体的なケースに応じて，録音をするかどうかを決めるのが妥当である。録音をする場合は，その実施日時や場所が特定しておくことは当然のことで

ある。
　(ii) 録音機器の使用　　保護者から事故状況などの説明や情報提供を求められるときには，保護者側が録音機器を使用する場合がある。その場合は，学校側も，訴訟などへの対応が予測されることから，録音機器を使用するのが望ましい。事故は教員の過失で発生するケースばかりではない。裁判で，正当な判断をしてもらうためには，学校側としても適切な方法での対応をするべきである。

　(d) 写　真
　録音とともに，現状の記録として重要な手段である。教育委員会への報告，裁判資料などで必要となる。録音と同じように撮影日時・場所が特定できるようにしておくべきである。往々にして，事故の原因となった対象だけを撮影（個別写真）しがちであるが，それを含む全体写真も必要に応じて撮っておくべきである。事故発生直後に撮影することも現状保存の延長として行っておくと良い。最近では，画質も良くなっているので，写真機能付きの携帯電話による撮影でも構わない。

　(e) 事情聴取
　事故が発生したら関係教職員から事故発生に関する情報を収集することが，事故原因の発見，教育委員会への報告，受傷生徒・保護者らへの説明，報道機関への情報提供，場合によっては，警察機関からの取り調べへの対応，関係職員の処分，訴訟対応などから必要となる。
　事情聴取は，事故に関係した職員以外の管理職者の複数人が行うことが基本で，正確な情報を，できるだけ迅速に収集するべきである。さらに一度の事情聴取だけでは不十分であり，同一の事実関係についても，念には念を入れて繰り返し聴き取ることが重要である。例えば，前記(5)(6)グラウンド周回の事案で，顧問教諭が最初は5周回らせたと言っていたが，よく考えてみたら（一晩よく思い出してみたら）8周だった，ということもありうる話である。
　(i) 正確性の確保　　迅速性よりも，この正確性が重視されるべきである。十分な時間をかけて行うことが必要である。事故発生直後の方が記憶は新しい分だけ正確性が確保される。茫然自失となっている事故関係者もいるが，落ち着いた状態の者から事情聴取を行っていく。事故発生の内容によっては，事情聴取の対象者が多数に渡る場合がある。この

場合は，事情聴取者間の整合性も考慮しながら聴取する。
　上記のように様々な理由から情報収集が行われるが，その都度情報収集をすることなく（やむを得ない場合もあるが），上記情報収集の存在を認識して，できるだけ広範囲をカバーするように事情聴取をするべきである。これによって，事実関係が区々になり，混乱することのないようにすべきである。特に，受傷生徒・保護者らへの事実関係の説明には，正確性を確保し，確信の持てる（訴訟でも耐えられる）情報を提供すべきである。後日の訂正は，受傷生徒・保護者らの学校に対する不信感を募らせることとなり，これがきっかけで訴訟に至ってしまうこともある。

(ii) **迅速性の確保**　学校で事故が発生すると，教育委員会から報告を求められる。受傷生徒の保護者からは，受傷した生徒が事故にあった原因を知りたいとの申し出が来る。親として当然のことである。マスコミからは，報道のための情報提供や取材を求められる。学校サイドとしては，受傷生徒への対応，在学生や保護者への対応など，様々な業務をしながら対処していかなければならない。その様な中で，正確性を確保しつつ，できるだけ速く情報を提供していかなければならない。

(iii) **事情聴取した結果の表記**　教育委員会への報告などは所定の様式があるところが多いであろう。その場合には，それに従うしかないが，それを含めて幅広く事実関係を拾うことが望ましい。関係者の意見や関係者の記憶による事実関係が異なるようであれば，その旨を附記しておくべきである。

(iv) **訴訟への対応策**　事故の発生時にその場に居合わせた生徒や教職員らを把握しておくことが必要である。できれば，事実関係のどの部分を誰に証言してもらうかも，訴訟対策として整理しておく必要がある。訴訟となってからでは，手間取る作業である。

(7) 事故関係記録の保存

　事故が発生すると，教委への報告を始め，多くの関係文書が作成される。その多くは，公的文書として，学校に一定期間保存されるのが通常である。多くの学校では，教委のいわゆる文書管理規程で，訴訟関係記録文書は，原則として3年から5年とされている。10年としているケースは極めて稀である。期限が経過するときに校長の判断で廃棄するかどうか判断するという規定や訴訟係属中のものは廃棄しない旨の規定など

をもつ地方公共団体もあるが，保存年限を経過すると，廃棄することが可能な状態におかれやすい規定になっている。
　このような状態は，学校事故における損害賠償請求権の消滅時効が，国公立学校も市立学校も，3年ではなく，10年になっていることからすると，保存年限を経過してからの被害生徒・保護者からの訴訟提起に対しては，防御する手段を全く持たないことになってしまう。教委や学校側は，このようなことのないよう，対策を講じておく必要がある。

(8) 生徒とともに教員の心のケアも

　前記学校安全参考資料「第4章　事件・事故災害時における心のケア」では，生徒（特に被害者）の心のケアへの十分な配慮が求められており，これは至極当然のことである。とともに，事故の直接の原因行為を行った加害生徒にあっても，落ち度のない場合（例えば，野球の練習試合中にダブルプレーをしようとして，遊撃手からボールを受けた2塁手が，1塁へ転送しようとした送球が2塁に向かっていた走者の頭の命中し，その走者が死亡したようなケース）もある。このような生徒の心のケアも重要である。
　教員にあっても心のケアが必要な場合もある。事故発生に直接，間接に関わった教員の中には，必要以上に罪悪感を持ち，自分の行動を懐疑的にみる者もいる。また，熱心に取り組み，不幸にも事故発生に関わることになった教員もいる。おそらく，生徒の事故について，何も感じない教員はいないであろう。生徒の教育に真摯に向き合った教員に対する心のケアについても配慮がなされるべきである。

第2章
各運動領域の授業と部活の安全

Chapter 2

1. 各運動領域の授業と部活の安全

① 器械運動

　器械運動には，マット，跳び箱，鉄棒，平均台の4種目がある。授業では，これらの種目における技の習得および習熟が主要な学習目標となる。器械運動で行われる技は非日常性を特徴としている。したがって，この種の運動は，危険な場面への咄嗟の対応も不慣れな場合があるため，事前の安全管理が特に重要である。

　練習中に発生しやすい傷害には捻挫や脱臼，骨折などが挙げられるが，最も注意しなければならないのは，頭部や脊椎，腰椎への傷害である。文部科学省によると，体育活動中の「重度の障害では『脊椎損傷』がほぼ半数を占め，次いで頭部外傷，心疾患等である。脊椎損傷では，ラグビー，水泳，体操※が，それぞれ約1/4を占めている。」(文部科学省, 2012) この種の障害は，受傷状況によっては身体に障害が残ってしまうケースもあるため，最大限の配慮が必要なのである。

> ※　ここでの「体操」は，「器械体操等」を意味し，体育科・保健体育科の授業時の「器械運動」および運動部活動の競技種目の「体操」，「新体操」が含まれる。

　器械運動の安全管理は器械・器具の取り扱い方と練習の進め方の2つに分けられる。

(1) 器械・器具の取り扱いに関する安全管理

　器械運動では，器械・器具の正しい使い方を知り，練習の前後および練習中にその都度，確認・調整が必要であり，不備がある場合には即座に修理・修繕が不可欠である。器械・器具の取り扱い方の留意点として，以下の点が挙げられる。
　各種目の器械・器具の用途と特性を理解する。この場合，各種目における技の技術と関連づけて理解する。このことはまた，補助的に用いら

れる用具・施設についても同様である。特にセフティマットやピットなどは絶対安全であるとは言いきれないことを念頭に置いておかなければならない。日常の点検項目としては、学習者との接触面や床面との連結部位の消耗具合や、正しい技術を活用するための弾力性や安定性の程度などが挙げられる。配置の仕方については、学習者同士が衝突する可能性や実施する際に精神的に圧迫感を感じるなど、技の実施の妨げにならないように十分に間隔をあける。また、強い光や視界に妨害的な情報が入ってこないように向きや遮光も配慮する。さらに、設置に伴う持ち運びも、重量や大きさが大きいものもあるため、指導者の管理の下で学習者は協力して行う。設置が完了したら、正しく設置されているかを確認する。例えば、マットのつなぎ目や把手の処理、跳び箱の安定性、鉄棒の緊張索の張り具合や平均台の安定性および傾きなどである。滑り止め（炭酸マグネシウム）を使用する際には、環境面での管理も必要であり、定期的な換気と清掃が不可欠である。

(2) 練習の進め方に関する安全管理

　練習を安全に進めていくには、学習者のコンディションの把握だけでなく、技の技術や運動学習理論に関する知識が必要である。器械運動においては、跳ぶ、回る、支える、ぶら下がるなどの非日常的な動きが行われるので、学習者の技能レベルを正確に把握した上で適切な練習段階を設定し、実践することが重要である。学習課題に対して十分な技能が備わっていないのに無理に実施したり、練習段階を誤ってしまうと、予想外の失敗が生じ、その結果傷害が発生してしまうのである。

　「できない」ことを「できる」ようにしていくプロセスでは、ほとんどの実施は失敗である。したがって、器械からの落下や着地時の転倒などが生じても傷害につながらないように備えておかなければならない。指導者、学習者共に、あらかじめ失敗のパターンとその対処法を理解し、同時に技の練習をする中で危険を感じ取る能力と失敗への対処能力を身につけていく必要がある。また、幇助についても、両者が幇助の意図と方法を理解し、技能レベルや習熟度に合わせて適切に活用することが重要である。

(3) その他

　上記以外に，練習場面で事故を防ぐには練習中の場の雰囲気づくりも大切である。適度な緊張感を保ち，互いに安全性の確保に配慮する人間関係が必要である。また，服装は，動きが制限される，あるいは視界を妨げる可能性があるもの，アクセサリー等は厳禁である。

【参考文献】
1）体育活動中の事故防止に関する調査研究協力者会議（文部科学省）「学校体育における体育活動中の事故防止について（報告書）」（2012）
2）中島光広ほか『器械運動指導ハンドブック（改訂版）』（大修館書店，1991）

◆　器械運動の判例解説　◆

県立高校体操部部員クラブ活動鉄棒練習中，落下負傷事件
浦和地裁昭和56年8月19日判決，昭和49年（ワ）第208号

事実　県立高校の体操部員Xは，同校の特別教育活動の一環であるクラブ活動として他校の体育館において行われた校外練習に参加し，鉄棒の練習中，落下して，頸髄損傷等の傷害を負い，下肢麻痺，両上肢および手指の機能もほとんど失い，労働能力を100パーセント失った。そこでXらは，Xの在学する県立高校の設置者である県 Y_3 は，Xとの在学契約関係により，生徒の安全確保の義務があり，一方，クラブ担当教員 Y_1 および同校の校長 Y_2 は，学校設置者に代って生徒の安全保持をはかるべき者（履行補助者）であるとして義務不履行責任を問うた。すなわち Y_1 に対しては，練習に危険を伴うクラブ活動の実施にあたって，適切な指導計画に基づいて安全な指導を行うべきなのに，事故当日の練習にも参加しないなどそれを怠り，Y_2 も Y_1 の指導状況に対して関心を払わず，安全指導を欠く状況を放置して安全配慮義務を怠っていたとして，Y_3 に対して損害賠償の請求を行った。

判旨　県立高校における教育作用は，国家賠償法1条の適用を受け，教員の行う教育活動は同条にいう公権力の行使に当るものというべきであり，県 Y_3 の履行補助者たるクラブ担当指導教員 Y_1 に対して，次のように安全を確保すべき義務を怠ったと判示した。すなわち第1に，高

校のクラブ活動は常に教員の適切な指導が必要とされるもので，外部の指導者を依頼する場合，実際に担当教員も練習に参加して，指導上の責任をもち，依頼した指導者との密接な連絡のもとに指導が行われることが必要である。第2に，Y_1は自ら校外練習に赴き，鉄棒の設置状況の点検や演技中に墜落した場合の安全確保の体制（補助者の配置やマットの設置状況）等を具体的に指示すべきなのに，当日練習に参加せず，また引率したコーチに対しても事故防止について，一切指示をすることがなかった。それゆえY_3は，国家賠償法1条にもとづきY_1の蒙った損害を賠償する義務がある。もっとも高校生の危険予見能力は成人に劣らず，体操部等の危険を伴う練習の危険性は予見できたものと推認され，Y_1の練習における過失を斟酌し，損害賠償額より3割を減ずる。

〔評　釈〕
　県立高校の教員の行う教育活動は，国家賠償法1条の適用を受ける，公権力の行使であるとし，クラブ活動の指導担当者の安全確保の義務については，要するに指導担当者は，常に指導現場にいて指揮監督にあたり，外部の指導者を依頼する場合にも，外部指導者ともども練習等に参加して，教育的効果が上がるような指導が求められている。過失相殺については，公立高校の体育の授業中，生徒が前方宙返りの着地に失敗し，マット上に落下し，頸椎骨折等により死亡した事件（「体育授業中，公立高校生着地失敗死亡事件」大阪地裁昭和47年8月30日）学校事故判例集215頁）も生徒の過失3割とされている。

② 陸上競技・マラソン

　より速く，より高く，より強くという運動競技の基本が陸上競技である。その競技の起源は，男性だけのもので，女性は見ることさえ許されなかったと伝えられる古代オリンピックにまで遡り，陸上競技の一部は今日まで変わらずに受継がれ，競技が行われているものもある。陸上競技にはハンマー投や走高跳などのフィールド競技，100mなど短距離走や障害物を使ったハードルなどのトラック競技，一般公道を使用するマラソンや競歩があり，それぞれに多くの種目がある。
　ここでは，陸上競技におけるリスクマネジメントの実際について，予

想される危険性とその回避策について概説する。

(1) 陸上競技で予想される危険性

　陸上競技は，走・跳・投の種目があるが，それぞれの種目には，多様なリスクが内在している。走種目では，転倒や施設設備への衝突による事故が多く，跳躍種目では，走高跳による着地失敗や，支柱が倒れて当たる事故などがある。また，投てき種目では，砲丸投，円盤投およびハンマー投で投げた投てき物に当たるケースが多く，特に注意を払う必要がある。したがって，ここでは，投てき種目におけるリスクマネジメントの実際について述べる。

　投てき練習には，投てき物を持たない「基本練習」と，投てき物を実際に投げる「投てき練習」とがあるが，実際に投てき練習を行う場合には，次のように行うのが一般的である。円盤投やハンマー投の投てき練習では，投てき方向を除きサークルの周りを防護ネットで囲み安全を確保することが必要である。この2種目は「回転運動」であるため，360度に投てき物が飛ぶ可能性がある。そのため，ネットが開いている投てき方向には「人」がいないようにさせ，複数で投てき練習をする場合には投てき者以外は防護ネットの外側で待機させる必要がある。投てき者は，投げる前に，投てき方向に「人」がいないこと，あるいは投てき物が飛んで行かない場所にいることを確認させ，「行きまーす。」又は「投げまーす。」と周囲に対し大きな声で伝え，周囲にいる者がその声を感知（返事）したことを投てき者自身で確認してから投げさせることが最も重要である。なお，砲丸投とやり投のピットには通常防護ネットを置くことはないが，安全に対する考え方と確認方法は円盤投やハンマー投と同じであり，周囲にいる者は投てき者及び投てき物からできるだけ離れていることが必要である。

(2) 陸上競技でよくある外傷

　スポーツ安全協会の調査によると，一過性の外傷としては，捻挫(39.6%)が最も多く，次いで腱断裂(17.3%)，打撲捻挫(12.7%)，骨折(10.3%)，肉離れ(6.4%)の順となっている。しかし，近年では，競技場のサーフェイスの進化に伴い，肉離れの件数が多くなってきているのが現状である。一方，このような一過性の外傷の防止にも努めなければならないが，ジャ

ンパー膝やシンスプリント，疲労骨折などに代表されるオーバーユースシンドローム（使い過ぎ症候群）の予防にも注意する必要がある。障害発生率は，使い過ぎによる障害の決定因子とされる走行距離の増加や負荷の高いジャンプトレーニングの頻度などと一致する傾向がみられる。しかし，厳密にみると，障害と用量作用の関係は必ずしも明確でなく，個体の関節アライメントの異常による慢性的過負荷状態がその原因と考えられる場合が多い。また，「環境」条件の1つである走路の性状と外傷の間には関係があり，土や芝といった自然な走路では足関節の外側靱帯損傷が多く，アスファルトの硬い走路で膝蓋骨周囲の痛みを訴える傾向にある。したがって，トレーニングでは，①トレーニング方法に誤りはないか，②解剖学的要素に問題はないか，③フォームに問題はないか，④走る場所や靴はどうか，などについてチェックし，支持面の特性，履物の質，着地の技術などの条件を個体の身体条件と適合させることが重要な課題となる。

(3) ストレスマネジメント

　身体は，様々な種類の，しかも質，量ともに莫大な負荷にうまく適応できるシステムを兼ね備えている。しかし，身体の適応能力には限界があり，それをいき過ぎてしまうとストレスとなりうる。もし，負荷が身体の耐性を超えてしまうと，その結果，故障や病気，さらにはオーバートレーニング症候群に代表されるバーンアウトやステイルネスといった慢性疲労の状態に陥る。こういった状況をさけるためにも，日々のコンディショニングのモニタリングが必要となってくる。理想は専門家や医師による心理的評価（POMSのような情緒変化テスト）や生化学的プロファイリングなどを実施することをお勧めするが，こういった専門的なモニタリングが実施できなくても，目覚めてすぐの安静時脈拍数や握力の計測や，体重・体脂肪の管理，トレーニング前後の主観的運動強度（RPE）など，これだけでも，十分にオーバートレーニングのモニタリングを実施することが可能であり，普段から継続してこれらのチェックをしておくことが重要である。

【参考文献】
　財団法人スポーツ安全協会：「スポーツ活動中の傷害調査」，1987.

2 陸上競技・マラソン

◆ 陸上競技の判例解説 ◆

県立高校体育大会人間ピラミッド練習中生徒下敷傷害事件
福岡地裁平成5年5月11日判決,平成3年(ワ)第1181号

事実 平成2年9月5日,県立高校体育コース3年生である原告生徒が,体育大会行事として行われる8段の人間ピラミットの練習を授業中に行っていたところ,5段目が形成される途中で突然ピラミットが崩壊し,第1段中央に位置していた原告生徒は下敷きとなり,第4頸椎脱臼骨折,頸椎損傷等の障害により,四肢完全麻痺,手足が痺れて動けない状態となった。

判旨 (1) 被告(福岡県)は,原告(被害者生徒)に対し,金1億2,531万3,762円,原告保護者(両親)に対し,各金200万円宛およびこれらに対する平成3年7月4日から各支払済まで,年5分の割合による金員を支払え。

(2) 指導教諭らは,8段ピラミットがきわめて成功が困難で,危険性のある事を十分に認識せず,安易に採用し,生徒らの危険回避の方法等を工夫することなく,また,段階的な練習,指導をすることなく,一気に実戦に入ったため事故が生じたものであり,指導教諭らの注意義務違反によるものであるから,被告県は,原告らが被った損害を賠償する責任がある。

〔評 釈〕
本件には,福岡高裁判決(平成6年12月22日,平成5年(ネ)第446号・平成6年(ネ)第610号)があるので,これも踏まえて評釈する。

(1) 本件事故により,原告生徒は労働力を100%喪失したとして,新ホフマン方式により賠償額を計算している。後遺障害慰謝料,付添介護費用,障害慰謝料,入院雑費,弁護士費用,保護者(父母)の慰謝料等を認定した。福岡高裁は,日本体育学校からの障害見舞金,福岡県高等学校PTA安全互助会からの見舞金,A高校PTAからの見舞金,福岡県教育委員会からの見舞金,国民年金法による障害基礎年金(受領済み分)等,約3,585万円について,損益相殺を適用して賠償額を減額した。

(2) 被告県は,高校の設置者であり,生徒の高校への入学を許可した

のであるから，学校教育において生ずる生徒の生命，身体等の安全を確保するための措置を取らなければならない，これを＊一般的注意義務と言う。また，「＊公権力の行使」（国家賠償法1条1項）は，非権力作用を含むから，公立学校における教師の教育活動も含まれる。本件事故は，高校の教育活動の一環としての体育の授業において生じたものであるから，その授業の，内容，危険性，生徒の判断力，事故発生の蓋然性，予測可能性，結果回避の可能性等を考慮し，具体的な注意義務（＊具体的注意義務）の違反を認定した。福岡高裁も校長を含む指導教諭らの注意義務違反により発生したものであり，県に損害賠償の責任があるとしたのである。

③ 水　泳

　日本国内において，学校教育での水泳は夏の体育には欠かせないものとなっているが，中学，高校，大学と進むにつれ，その機会は少なくなっているのが現状である。中学，高校ではプールが設置されていた学校も全国各地でプールを取り壊し，既存の公共施設のプールに夏季期間中に数回授業を行うなど以前に比べて積極的に水泳の授業を行う学校が少なくなってきた。そうなると，ますます教員，生徒ともに数少ない水泳の授業の中で技術習得はもとより，安全管理，自己保全の技術などを教え，学ぶ機会も減少していると言える。また，小学校ではひと昔前は臨海学校という形で小学生が海で泳ぐことを学び，海の危険を学ぶ場があったものだが，この臨海学校も年々行う学校が減少している。また，大学になると中学，高校で水泳の授業を積極的に行っていなかった生徒でも多くの体育大学や体育学部などのある大学では臨海実習を必修授業として行う大学も多く，戸惑う生徒が多いという事実もある。そのような状況の中，学校水泳における必要な安全管理対策，考えうる事故防止策，適切な技術指導とはどのようなものなのか。

(1) 水泳の授業における事故について

　水泳の授業において起こりうる事故を考え，大きく以下の項目に分け，特に多い原因について対策をまとめた。

3 水　泳

(a) 溺水	
① 泳力不足	指導者の生徒の泳力把握の徹底
② 水深への過小評価	指導者，生徒への水深確認の徹底
③ 体調不良	事前のメディカルチェック
④ 潜水などの無呼吸	不必要な潜水指導の排除，適正な指導
⑤ 過度な練習，指導	生徒の体力，泳力に合わせたレベルの指導
⑥ 低水温気温，高水温気温による反射	こまめな水温，気温の確認
⑦ 過呼吸などによる意識消失	事前の持病の確認，生徒の体調確認
⑧ 友人同士のふざけ合い	適切な水泳指導，監視
⑨ 精神的パニック	事前のアドバイス，指導での不安除去
(b) 飛び込み事故	
① 未熟な飛び込み技術	段階を踏んだ飛び込み指導
② 指導者，管理者不在	徹底した指導者，管理者の配置
③ 指導者の指導力不足	適切な指導者からの指導，知識の習得
④ 水深知識不足	指導者，管理者の水深把握と周知
⑤ ふざけ合い	適切な指導，監視
⑥ 過度な飛び込み練習，指導	生徒の体力，泳力に合わせたレベルの指導
⑦ 危機管理能力不足	監督者，指導者の危機管理の徹底
(c) 心身疾患	
① 高血圧	事前のメディカルチェック
② QT延長症候群（不整脈）	
③ 心臓系疾患	
④ 循環器系疾患	
⑤ 脳疾患	事前の申告，確認，注意
(d) 設備不良による事故	
① 排水口の吸引	
② フロアーの設置ミスによる落下，溺水	
③ 救助用具の不備	
④ プール内階段，はしごなどの確認不備	全て事前の設備確認の徹底が必要

広範囲にわたり，様々な角度から危険性があることがわかる。指導者は生徒個々の体力，泳力を把握し，見合った適切な指導を行い，過度な指導を行わないことが安全な授業を行う基本となる。また，指導者だけではなく救助資格を持った有資格者や救助講習などを行った人間が指導中はプールサイドで指導者の目の届かない部分の生徒の安全監視を行うことも非常に重要な安全管理となる。

(2) 水泳の授業における安全管理とは

(a) プールの設備など

授業前に設備点検において，細かく安全管理を行うと多くの点検項目がある。近年設備不良の代表的な事故が排水口の事故であるが，排水口が大きく，なおかつ強い吸い込みがあるようなプールは多くはないため，授業を行うプールの排水口の特性を事前に確認すれば，強い注意を払う必要はなくなる。日々変化する水温の確認などは泳ぎ慣れていない生徒からは体調の急激な変化を招く恐れがあるために水温チェックなどはしっかりと行い，医療班と連携を取り，授業開催の可否を判断することが大事である。

また，溺水事故を重大な事故にしないためにも救助用具のレスキューチューブや浮き輪，プール用のタンカ，そして特にAEDの設置などは重要である。

(b) 安全を考慮した指導内容

現在でも過去においても水泳での重大事故の多くは飛び込み事故によるものである。逆を言うと，重大事故以外の小さい事故が少ないスポーツでもあるのが水泳である。飛び込みで事故を防ぐためには十分な水深のプールで飛び込みを行うこと。そして，高さの低い場所（水面と地面が同じような場所）からの飛び込みの練習を多く行い，飛び込み技術をあげることである。近年飛び込み事故の懸念からそもそも授業では飛び込みを行わない学校が多いが，もし飛び込みを指導する場合は充分な水深と安全な高さからの練習が必要である。

また，多い事故の1つである溺水を防ぐためにも水に恐怖心を抱いている生徒でなおかつ背がつかない生徒にはヘルパーなどをつけて少しでも安心感を与えることも重要である。泳げる指導者からすると泳げない

生徒の気持ちになかなか届かないものだが，恐怖心をまずとりのぞいた上で泳法の指導にうつることで指導者も安心して指導が行え，もしもの時でもヘルパーなどの浮き具が安全を確保することができる。いずれにしても指導者以外の成人の監視の目が大事に至らせないケースが多いため，授業中に指導者以外に監視の目を多くすることが事故を未然に防ぐ簡単でありながら，重要な安全管理の方法である。

◆ 水泳の判例解説 ◆

都立高校生プール底頭部強打死亡事件
　東京地裁八王子支部平成15年7月30日判決，平成13年（ワ）第2505号

事実　都立高校1年生が，平成11年6月28日水泳の授業中にスタート台から*逆飛び込みスタートをした際，プール底に頭部を衝突させ，頸椎粉砕骨折，頸椎損傷の傷害を負い，同年7月9日死亡した。使用プールの構造は，授業で使用される目的で設置された25メートルプールで，満水時の水深は，スタート台下で1.2メートル，3メートルの地点で1.27メートル，4メートルの地点で1.3メートル，5メートルの地点で1.32メートル，中央最深部で1.5メートルである。スタート台自体の高さは20センチメートル，満水時水面からの高さ35センチメートルである。

判旨　(1) 被告（東京都）は，原告（保護者）らに対し，それぞれ2,221万296円およびこれに対する平成11年7月9日から支払済みまで年5分の割合による金員を払え。

(2) 指導教諭は，学校の水泳授業において，泳力調査を生徒の任意選択にまかせて容認したのは安全保護義務を尽くさなかった過失がある。逆飛び込みスタートを取り上げるについて，指導教諭には生徒に対し，危険性がある事を事前に十分説明し，安全な飛び込み方を説明するとともに，危険性のある動作を具体的に説明して禁止し，安全な飛び込み方法を生徒の能力に応じて段階的に指導して，事故の発生を防止し，生ずる恐れのある危険から生徒を保護する義務がある。

(3) 本件プールの設置の瑕疵については，学校プールにおける「通常

有すべき安全性」の確保と方法として許容されるものである。
　(4)　過失の割合（過失相殺）については，事故の発生について斟酌すべき被害者生徒の過失は認められない。

〔評　釈〕
　水泳は，体育活動中における死亡・重度の障害事故が小学校で一番多く，中学・高校では陸上競技に次いで多い種目である（平成24年7月「学校における体育活動中の事故防止について」報告書）。
　(1)　被害者生徒の損害は，入院雑費，入院付添費，高校卒業後18歳から67歳までの49年間稼働による収入（100%）と生活費控除割合50%として，ライプニッツ方式によった。他に慰謝料，葬儀費用，墓石建立費用等により計算している。
　(2)　本件は，公務員である指導教諭の保護義務違反によって生じたものである事から，公立学校の教師の教育活動は，国家賠償法1条1項の「公権力の行使」に含まれ，被告東京都が損害賠償責任を負うものである。指導教諭は，逆飛び込みスタートは，深く水に入ってプール底に頭部を衝突させ，頸椎・頸髄損傷などの危険性を説明し，生徒の能力に応じた段階的指導をすべきであった。事故の発生を防止すし，危険から生徒を保護すべき義務を怠った過失がある。いわゆる教諭の指導上の過失，安全保護義務違反と言うことである。
　(3)　本件プールの瑕疵についてであるが，学校用プールを対象とし調査研究の結果をまとめた「学校水泳プールのすべて」（昭和60年）を安全性の判断基準とするならば，ガイドラインをいずれも満たすものであった。
　(4)　過失相殺は，加害者の責任に止まらず被害者の側にも過失等の責任がある場合，その過失に応じて部分的に責任を取らせ損害額の算定をするものであるが，本件においては認められなかった。

④ バスケットボール

　バスケットボールは，競技ルール上相手との接触が禁止されているものの，「ボールの奪い合い」，「ポジションの取り合い」等の行為により，かなり強い身体接触がみられる競技である。また，走って数的有利な場

面を作り出すことができれば比較的容易に得点ができるため，攻防双方の運動量が非常に多くなるという特徴がある。加えて，プレイヤーに動きの規制がなく（3秒ルールを除く），コート上のどこのポジションをも占めることが許されているため，戦術のバリエーションも多く，指導者にとっても競技者にとっても，おもしろくもあり，また難しい競技でもある。

　以上のような競技特性を踏まえ，対象者の安全を確保するために指導者が考慮しなければならない内容をまとめてみた。

(1) 施設・設備・用具の安全管理

　体育の授業や部活動の指導を行うにあたり，まず注意しなければならないことは，活動する場の安全管理であろう。

(a) 施設・設備の管理

　体育館の床の状態（釘，傷み，歪，滑，ラインテープ，支柱取り付け器具），ゴールの状態（破損，傷み）を十分に点検，確認した上で活動を行わなければならない。ゴールは，専門業者による定期的な点検が必要であり，また正しくセッティングされていない状況での使用は，破損の原因ともなり，十分な確認が必要である。

(b) 用具の管理

　障害物の有無（ボール，荷物，ウェア，オフィシャル用具，電源コード等）を確認し活動を行うことはもちろんのこと，使用するボールの傷みや空気圧の確認を怠れば，傷害の発生率が高くなることは明白である。

(c) プレイヤーの服装

　動きが激しく，運動量が多いという特性上，室温湿度にあった服装でプレイを行うこと。さらに，必要以上の重ね着や，体型に合わない大きなウェアの着用は，つき指や骨折等の傷害につながるため避けなければならない。

(2) 活動内容と安全管理

　活動内容が対象者に適合していることは，安全管理上きわめて重要である。運動量が多く，スキルに非日常的動作が多いことからも，対象者

の特性や状態を適確に捉え，活動内容を決定していく必要がある。
　(a)　主たる活動の前に
　まず，既往症の有無を含み，対象者の健康状態を十分把握しておく必要がある。その上で，適切な準備運動を行い主運動へと入っていく。
　(b)　段階的指導の必要性
　高度なスキルには，ダッシュ，ストップ，ジャンプ，回転等の動作が伴い，対象となるプレイヤーの身体能力が低い場合，大きな危険が伴う。ボディコントロールの能力に即したスキルの学習を常に考えたい。
　(c)　靭帯損傷の予防
　部活動指導の場合，足関節や膝関節の靭帯損傷予防のためのトレーニングが不可欠である。靭帯損傷は，身体接触だけが原因とはならない。プレイヤーの筋力不足や瞬発力，巧緻性の低さなども受傷に大きく影響する。

(3)　活動方法と安全管理
　ルールが難しく，作戦戦術も多岐にわたる競技であることから，活動方法に工夫が必要となる。
　(a)　ルールの理解
　競技ルール全般を理解させることは大切なことであるが，特に身体接触に関し，何が不当で何が正当であるのかを対象者によく理解させ，プレイさせる必要がある。その方法は，言葉による説明にとどまらず，VTRの利用や，プレイ場面の再現による学習等も行っていくことがよい。
　(b)　集中力の維持
　戦術のバリエーションが多いことから，その精度をより高めようとすれば，必然的に多くの活動時間が必要となるが，長時間の練習やコート上での長い説明は，プレイヤーの集中力を欠き，好ましくない。活動の目的や戦術の要点を明確にし，活動を進めることが大切であり，その伝達の方法についても，ホワイトボードや作戦ボード，VTRを利用するなどの工夫が必要である。
　(c)　熱中症の予防
　熱中症は，対象者の健康や生命を脅かすだけではなく，指導者の責任が問われる大きな問題となる。指導者は常に環境条件を把握し，それに応じた活動，休息，水分や塩分の補給をプレイヤーに行わせることが肝

要である。部活動の指導現場でよくみられる，練習の締めくくりに行うダッシュや持久走等のトレーニングは，パフォーマンスの向上や精神面の強化に一定の効果がある反面，その方法を間違うとプレイヤーの健康状態に悪影響を及ぼす。特に，梅雨時期である6月や気温が上昇する7月8月での実施は，リスクが非常に高くなるため十分な注意が必要である。

◆　バスケットボールの判例解説　◆

> クラブ活動練習終了直後，高校生熱中症で倒れ，その後健忘の症状発症事件
> 　大分地判平成20年3月31日判決，判時2025号110頁自保ジャーナル1828号153頁，D1-Law ID28141383
>
> **事実**　D大学が経営するE高校の女子バスケットボール部の特待生部員のAは，2006年（平成18年）8月23日の練習終了直後に倒れた。当日は気温38度，湿度80％だった。
> 　監督Fは，Aが朦朧としているのは疲労が原因であろうと考え，寮で部員Gの介抱のもと休養させた。
> 　翌朝Aには，前日の出来事，現在いる場所や日時，そしてGに関する記憶がなかった。また自分がE高校に在校していることも，バスケットボールをしていることも分からなくなっていた。覚えていたのは，小学生からの同級生の名前だけだった。
> 　Aは「記憶障害（逆行性健忘）」と診断され，その原因を「熱中症疑い」とされた。さらに別のクリニックでは，生活史健忘により治療を要すと診断された。

判旨　(1)　監督Fの注意義務について

裁判所は，Fに，「熱中症の危険性とその予防対策の重要性は，体育教育関係者にとっては当然身に付けておくべき必須の知識」であり，その予防のためには「気温が35度以上である間は，基本的には練習を控え，仮に練習を行う場合であっても，その内容を比較的軽微な運動にとどめ，練習中は適宜休憩を設けた上で，部員らに対して十分に水分及び塩分を補給することを指導するとともに，部員らの体調を把握して，熱中症を

疑わせる症状がみられた場合には、直ちに涼しい場所で安静にさせて、水分を補給したり体を冷やすなどの応急処置を採り、水分補給ができない場合には医療機関に搬送すべき具体的な注意義務」があるとした。
(2) 監督Ｆの注意義務違反について
Ｆには注意義務違反があったとした。
(3) 被告側に結果回避義務はなかったという主張について
裁判所はこの主張を採用しなかった。
(4) Ａには自らの体調を管理する注意義務が存在するとの被告側主張について
当時17歳のＡには「自らの判断で練習を中断し、練習中に水分を摂取するなどの行動を取ることは期待できなかった」としてこれを退けた。
(5) 結　論
ＦにはＡに対して約360万円、Ｄ大学にはＦと連帯して同額の損害賠償が申し渡された。

〔評　釈〕
部活動における監督の一般的注意義務は、部活の実施によって部員の生命、身体に危険が及ばないように配慮し、部員に何らかの異常を発見した場合には、その容態を確認し、応急処置を執り、必要に応じて医療機関に搬送すべきというものである。
この判決では、熱中症発症後の健忘の症状、監督と学校側の不法行為責任を認めている。そしてこの生徒が失った学習の記憶を補うために、学習塾を利用して再度学習し直したことに要した費用を損害として認めている。
学校を経営する側は、こういった事態の発生可能性を日頃から予見し、事前に被害者の救済制度の構築を行っておくべきである。

⑤ ハンドボール競技

ハンドボールは走・跳・投の運動の３要素があり、スピード感、ダイナミックさが加わりまさにその攻防の激しさは格闘技とも言われている。コートは40ｍ×20ｍの広さで豊富な運動量とパス、シュート、フェイントなどの技量を駆使し得点を挙げる一方ゴールキーパーを含めた防御

での駆け引きなどもあり醍醐味と楽しめるスポーツである。しかし身体全身を使いさらにプレーでの接触が多い競技だけに外傷，傷害などの発生が高い競技でもある。

(1) 施設・設備・用具の安全管理

一番注意しなければならないのはゴールポストである。室内ではゴールをボルトで留め固定する。屋外では杭を打つ，また使用しない時ゴールは横に寝かして管理する。ゴールネットは破れの確認ときちんとはられているか確認すること。ゴールが固定されていない状態でぶら下がったりしてゴールが倒れ下敷きになり重傷を負ったケースの例が報告されている。ボールは空気圧の具合を見る，ボールケースの準備によりボールがコートに散乱しないためにも必要であり，より傷害の発生を防げる。

(a) 屋外における安全管理

グラウンドの整備（石，ガラス，凸凹なくす）ゴール後ろのネットの配置などの用具の点検を行う。

暑熱下における熱中症に注意し水分，ミネラルの補給，適度な休息，着衣などの対応を行う。光化学スモック，落雷などの危険予測，判断力が求められる。寒冷時は着衣と十分なウォーミングアップを心掛ける。

(b) 屋内における安全管理

床の傷み，歪みにチェックをする。激しく動くので汗，ユニホームの汗，水などで床が滑ることが多く全員で注意し，すぐに拭くこと。ゴール後ろの壁がシュートによって破損しないよう防護マット等を置く必要がある。また速攻時にシュートを打った選手が勢いでそのまま壁にぶつかることが多いのでクッション用のマット等置くことも大切である。

(c) 選手の服装

ハンドボールは運動量が多くまた接触の多いスポーツの特性上，ユニホームは正確に着用し天候にあった服装で行うことまたピアス，ネックレス，指輪等のアクセサリーは避け，爪は長くならないよう注意すること。指導者は常に点検，確認をしなければならない。

(2) ハンドボール競技への生活管理，健康管理

選手は日頃の生活習慣（食事，睡眠，休養，生活リズム）はじめ常に心身のコンディションに気を配り，自己管理が大切である。指導者は選手

のメディカルチェックの実施と既往歴と現状の把握をする。必要に応じて学校医，保健医とも相談できる体制づくりと個人の心の状態，身体状況，生活環境などを把握し，常に選手，生徒とコミュニケーションをとるよう心掛けなければならない。選手は怪我を隠して練習したりして悪化させることもあるので練習前，授業前にも身体などの体調面も確認すること。

　オーバーワーク，慢性疲労，運動過大負荷への配慮にも注意すること。

　ドーピング問題はスポーツ選手にとって大きな問題である。薬物（風邪，鎮痛剤等）またサプリメントを使用する場合は必ず医師，薬剤師に相談し服用すること。

　指導者，スタッフ，トレーナーは勿論の事，自己責任のある選手も正しい知識と情報（日本アンチドーピング機構・JADA）を得ること。これまでもドーピングについてよく知らなかったまたうっかり使用して大会に出場が出来なかったケースがあったので十分注意したいところである。

(3) ハンドボール競技における安全対策

　ハンドボール競技に多く発生する傷害は手，指（突き指・骨折），足関節（捻挫），腰，肩，膝関節（靭帯損傷等）の部位が多く報告されている。競技から見ても下肢ではストップ，ターンの動作，フェイント，フットワーク等で急激に止まったり，動いたりと踏込を繰り返すし，相手との身体接触プレー時また床に転がっているボールにのってしまって捻挫，骨折等の傷害もみられるのでお互い気をつけて早くボール処理をすること。パス，シュート時の肩，キャッチ時の指などの負傷が多い。攻撃の戦術の中でブロックプレーにおいて左右前後からブロックされた時に首のむち打ちがみられる。日頃から首の強化も必要である。

　これらをできるだけ予防するために身体能力の低い選手，生徒また初心者は大きな危険が伴うので個々に応じた体力向上，筋力向上，ストップ，ターン等のフットワーク動作を確実に指導し，ハンドボールに必要なスキルの向上を習熟度（技術スキル），体力，体格，年齢等配慮して段階的に行う必要がある。

　そして身体接触しながらの練習（パス，シュート，防御）やジャンプシュートし着地した時や衝突した後の回転，スライディングなどを習得させ怪我を回避させることである。初心者にはマットを使って指導して

いくことも有効である。
　さらに肩関節，股関節の柔軟と可動域を広げる，筋力強化（インナーマッスル，アウターマッスル）のトレーニングは不可欠である。また統計的には少ないが意外と多いのが歯の損傷である。接触等で前歯を損傷することも多い。平成25年からスポーツデンティストの資格が出来るので今後専門の歯科医に相談しマウスピースの着用で外傷予防も考えていく必要がある。噛む力（咬合）は重心バランス等スポーツパフォーマンスにも影響される。
　ゴールキーパーはどこから飛んでくるかわからないシュートを防がなくてはならないので危険がはらんでいる。足首関節，膝，腰，顔面等の障害も多いのでそのためしっかり柔軟性，俊敏性，筋力強化等のトレーニングを積んでキーピングを身につけなければならない。授業では気が付かず眼鏡をつけてプレーしたりするので注意が必要である。
　またシューターはゴールキーパーの顔の周りをシュートしない決まりを決めるなどして傷害を回避する必要がある。
　試合，練習，授業でも多いのは試合が拮抗すれば選手は冷静さを失い得点を与えまいとしてシューターに後ろから押したり引っかけたりすることが多くある。危険なラフプレーの自覚は普段から重大な傷害予防の為お互いルールの精通をしっかり学ばなければならないし，指導者は適切な指導がきわめて大切である。
　最後に指導者は選手とは常に信頼関係を築きながら，バーンアウトにならないためにもまた事故を防ぐ為にも勇気ある休息日を設け心身のリフレッシュに心掛けることである。またセクシュアルハラスメントやポジションパワーでの不適切な言動等には十分心を律し，自覚し指導しなければならない。

◆　ハンドボールの判例解説　◆

市立中学校男子ハンドボール部員夏期練習中熱中症多臓器不全事件
　名古屋地裁一宮支部平成19年9月26日判決，平16(ワ)459号

事実　X市立中学校2年生男子ハンドボール部員Aは，前日に引き続き平成16年7月27日に同中学校グラウンドで行われていた男女合同夏

期練習中に熱中症で倒れ，病院に搬送されたが，熱射病を原因とする多臓器不全により同年8月26日に同病院で死亡した。事件当日の練習メニューは，午前8時30分頃に整備等の部活動を開始，グラウンド外周ランニング8周，フットワークステップ，グラウンド外周30分間走，40メートルダッシュ10本であった。また，同日の気温は，午前8時に27.3度，その後1時間毎に29.6度，31.3度，31.9度，31.5度と変化していた。部員Aは，40メートルダッシュ7本までの練習を終えて意識を失い，午後0時3分頃に担架で病院に運ばれ，午後0時5分頃に受診し入院した。部員Aは，同年8月26日に同病院で死亡した。部員Aの両親と弟は，顧問教諭らと校長が部員Aの熱中症の発症を予防し，熱中症が発症した場合には適切に応急処置を行う注意義務を怠ったとして，国家賠償法1条に基づき，X市に対して損害賠償を請求した。

判旨 裁判所は，平成12年頃から愛知県やX市が，そして平成15年頃から文部科学省が各学校に対して熱中症予防の取組みを喚起する通知文書を送付していたことから，本件当時，顧問教諭らは，部員の熱中症を予防すべき注意義務と熱中症に罹った部員に応急処置を行い，救急車を要請するなど適切な措置をとる注意義務を負っていたとし，また，このような注意義務を顧問教諭らが履行できるように校長は指導すべき義務を負っていたと判示した。そして，裁判所は，夏期部活動において顧問教諭が熱中症を予防する注意義務を履行したか否かについては，次の5点を総合的に考慮して判断すべきとした。①部活動が行われた環境，②暑熱馴化の有無，③練習内容，④休憩，給水の頻度や有無，⑤顧問教諭が認識し得た生徒の体力差，肥満であったか否かを含めた体格差，性格等の生徒の特性等。これらを検討した裁判所は，顧問教諭らには部活動練習中に生じると予測される部員らの生命・身体等に対する危険を予防すべき注意義務に違反し，部員Aの熱中症を発症させた過失があることを認めた。また，裁判所は，校長の過失について，気温に応じて練習メニューを変更するような体制作りを指示しておらず，本件当時に顧問教諭らの間で肥満が熱中症の危険因子として周知されていなかったことを考慮し，X中学校において熱中症予防体制が確立していたと認め難いとした。そして，裁判所は，顧問教諭らと校長に注意義務違反があったとし，国家賠償法第1条に基づき，X市に対して，部員Aの父親に900万7,136円，母親に3,548万20円，弟に100万円の支払いを命じた。

〔評 釈〕
　本件では，顧問教諭らによる暑熱馴化への配慮が十分に行われたか否かが争点の1つとなった。裁判所は，平成16年7月21日に夏休みに入ると練習時間帯が放課後から午前中に変わったこと，同月26日から1，2年生の新チームの練習が始まるまで部員Aを含む1，2年生の実質的な練習は行われなかったこと，ゴールキーパーの部員Aは1学期の練習で熱負荷の高い速攻練習で球出しをしていたこと，部員Aが熱中症の危険因子である肥満であったことを指摘し，部員Aの暑熱馴化が十分でなかったとしている。指導者は，3年生の最後の大会が終わると，新たな目標を掲げ，1，2年生の新チーム作りに力が入るもので，より練習経験を積んできた3年生部員の体力的・技術的レベルとのギャップを埋めようと，新チーム作りは初回練習から飛ばし気味になることが考えられる。しかし，そのような中でも指導者には，暑熱環境下においては暑熱馴化への配慮を最優先した練習メニューを組むことが求められていることを本件は教示しているといえよう。

⑥ サッカー

　体育の授業におけるサッカーは，小学校学習指導要領の中で，1年生〜4年生では「ゲーム」，5〜6年生では「ボール運動」のゴール型ゲームとして，また，中学校・高等学校学習指導要領の中では「球技」の種目のひとつとして取り扱われている。

　かつてサッカーは，男子のみの種目であり，女子のサッカーが体育の授業で行われることは極めて少なかったが，現在では，サッカー日本女子代表（なでしこジャパン）の活躍もあり，わが国の女子サッカーの普及率も上がるとともに，体育の授業においても女子のサッカーを取り入れている学校が小・中・高校すべてにおいて年々増加している。

(1) ルールの特性

　サッカーは，自分たちのゴールを守るとともに，相手チームからボールを奪うとそのボールを相手ゴールへ運び得点することを目的としたゴール型の種目の中でも「バスケットボール」や「ハンドボール」など

と違い，競技規則（ルール）上，ペナルティエリア内のゴールキーパー以外のプレイヤーは，ピッチ内において足を主として頭，胸，膝など手や腕以外の身体で行うことに特性がある。

また，サッカーは，ボールを蹴ること，走ることに加えて，ボールを保持しているプレイヤーに対して，ボールへのタックルや肩と肩によるチャージは，基本的に認められているため，同じゴール型の種目でも激しい接触プレーが頻繁に行われるコンタクトスポーツであることにも特性がある。

小学校年代では，キック（パス，シュート），ドリブル，フェイント，ボールコントロール等の個人的技能を重点的に指導するとともにボールを持たないときの動きによって攻防をすることを目標に楽しくゲームを行うことが大切である。

また，中学・高校年代では，小学校年代で身に付けた個人的技能をベースに，ヘディング（パス，シュート），タックル，スローイング，ゴールキーピング（キャッチング，セービング，パンチング，スローイングなど）等を身に付ける。

さらに，集団的技能として，様々なアイデアや組織的な攻撃や守備を理解させるとともに，その技能をゲームにおいて実践できるよう指導することが大切である。

正式なサッカーのゲームは，『105m × 68m』のピッチで，『11人対11人』で行われるが，体育の授業におけるゲームは，年齢や各学校のグラウンド状況を考慮して，ピッチの広さ，ゴールの大きさおよび数，人数をはじめ競技規則（ルール）もフットサルのように，スローインの代わりにキックインにするなど状況に応じた独自の競技規則（ルール）で行うことが大切である。

(2) 授業における安全管理

授業における安全管理としては，サッカーの特性として，前述したように主として足でボールを扱うとともに，コンタクトプレーが頻繁に行われる競技であるため，サッカーにおける外傷・傷害は，使用頻度の激しい部位である下肢と体幹に多いことが特徴である。

また，ヘディングにおいては，きちんとした姿勢で額の中心でボールを当てなければ，むち打ち症の可能性がある。さらに，ゴールキーパー

は，キャッチングやセービングなどフィールドプレイヤーと異なるプレーが必要となるので，上肢の外傷・傷害の可能性もある。したがって，下肢と体幹を中心に全身の準備運動や整理運動を入念に行うことが大切である。

(3) 部活動や課外活動

運動部活動や少年団，クラブチーム等におけるサッカーの活動について指導者は，サッカーの普及や選手の育成を目的に，発育・発達に応じた適切な指導（コーチング）が必要不可欠である。

現在，小学生から高校生まで男女とも各年代において，年間にそれぞれの大会（公式戦）が開催され，各大会で勝敗を競うことが１つの目標であり，大会に向けて日々練習に取り組んでいるが，勝利を目指すとともに年代や選手の状況に応じて技術・戦術・体力をバランス良く指導することが大切である。

近年では，（公財）日本サッカー協会技術委員会を中心にサッカー指導者の指導指針も確立され，公認指導者も年々増えているが，小学生から中学生，中学生から高校生，高校生から大学生または社会人と次の年代につながる指導。さらに，選手のレベルに応じてはトップレベルの強化につなげるとともに，将来的には１人でも多くの選手が何らかのかたちでサッカーに関わる。いわゆる「サッカー人口の増加」につながる指導も重要である。

(4) 施設や設備

施設・設備については，（公財）日本サッカー協会の「運動場芝生化」の取り組みの成果が徐々に出始め，芝の小学校が増えつつある。また，私立の中学・高校を中心に人工芝の専用サッカーグラウンドを所有する学校も増えつつあるが，全国的にはまだまだ，土（クレー）の学校が圧倒的に多いため，外傷・傷害の確率も高い。用具については，ゴールポスト転倒事故の可能性もあるので，しっかりチェックしておく必要がある。

最後に，サッカーに限らずどのスポーツでも同じであるが，競技規則（ルール）やマナーをきちんと理解させ，「フェアプレーの精神」や「リスペクトの心」もサッカーの授業や活動を通して，児童・生徒（選手）

に伝えることが最重要である。

◆ サッカーの判例解説 ◆

> **私立高校サッカー部部長，部員足蹴り体罰事件**
> 鹿児島地判平成24年1月12日判決，LLI/DB判例秘書ID06750007
>
> **事実** 私立高校のサッカー部の1年生部員の態度が悪かったことで，部長が1年生のキャプテンであったA（原告）を部活後の寮の前で蹴りつけた。また，練習態度が悪く，指示したサッカーノート（部活動に関する反省点等を記載する日記のようなもの）を提出しない者があったことで，Aを濡れタオルではたいた。さらに，1年生が試合前日の練習で，Aや1年生部員全体にミスが繰り返されたことから，部長がAにグラウンドの外に出るよう指示したがこれに従わなかったので，Aの下半身を蹴りつけた。
> 　Aは，体罰やいじめが繰り返されたと主張し，サッカー部部長及び学園，そしてサッカー部の監督に対し訴訟を起こした。

判旨 (1) 体罰の事実について
　裁判所は，被告部長が原告（A）を複数回蹴りつけたこと，濡れタオルで数回はたいたこと，下半身を10回以上蹴りつけたことを認め，この行為は「体罰」に該当すると認定した。ただ，部長が不法行為を行った背景には，1年生部員の練習態度や，その他の問題があったことも合わせて認めた。
　(2) いじめについて
　裁判所は，部長の不法行為がAに対するいじめであるとまではできないとした。
　(3) 監督の責任について
　裁判所は，サッカー部の監督は，部長との間に上下関係又は指揮命令関係がなかったこと，また部長の行為を長期間放置したり助長したとも認められないので不法行為責任は負わないとした。
　(4) 学園の責任について
　学園には，被告部長の使用者として使用者責任があるとした。

(5) 結　論

慰謝料を合計 165 万円とした。

〔評　釈〕

　体罰には直接的に行うものと，間接的に行うもの，また精神的に追い詰めることで事実上体罰と同じ結果をもたらすものがある。ここでの事例は直接的な体罰である。

　部活動には，活動の方針徹底や秩序維持という要請がある。しかし，指導者の望んだ方向に生徒が進まない場合の指導方法が本件のような行為では，これを教育的懲罰と見ることはできない。

　また体罰をもって生徒を威圧し，従わせたとしても，それは指導力の証明や成果とは言えない。体罰を行わずに生徒を従わせる指導力が存在するからである。

　さらに部活動では，指導側と被指導側間で，部活動やスポーツへの情熱のレベルや方向性のバランスが常に取れている訳でもない。体罰は，このようなバランスの調整ができない時にも発生する可能性がある。

　こうした体罰発生の要因を見ると，指導者の適性には，情熱とスポーツ技術の教授・習得理論の保持以外に，状況に応じた指導方法の選択・判断の能力と，感情の制御能力が不可欠であることを示している。

　しかし，1人で，求められる全ての能力を持つ者は容易に確保できない。このような場合には，人材相互に不足部分を補完できる集団指導体制も考慮すべきであろう。

⑦　ラ グ ビ ー

　ラグビーはその他多くの近代スポーツと同様，イギリスを発祥とする。1823 年，ラグビースクール（イギリスのパブリックスクールの名門校のうちの1つ。その"ラグビー"という名称がそのまま競技名となった）の生徒であったウィリアム・ウェブ・エリスが，ボールを抱えて敵陣めがけて走りこんだことが，このスポーツ誕生の起源とされ[1]，以後今日まで世界各地で楽しまれてきた。この競技が日本に初めて伝えられたのは，1899 年である。慶應義塾大学の英語教師であったクラークが，クラス

の学生を集めてラグビーを教えた[2]のが,その端緒であった。誕生以来長年にわたって,世界一を決する大会は行われてこなかったが,初めてのワールドカップが1987年にニュージーランドで開催された。また,それを契機にラグビーもプロ化への道を容認する方向に舵が切られた。

ラグビーは1チーム15人が対戦する競技であることから,30名が一度にグラウンドに立つ,最大人数でプレーされる球技である。そのため多様なポジションが存在し,そのポジションごとに求められる最優先の条件も力強さ,足の速さ,判断力,背の高さ,キック・パスの上手さ等,様々であり,多様なタレントをもつ者が1つのチームを形成するという面白さがある。また,ラグビーは漢字で"闘球"という表現が用いられる通り,肉体的なコンタクトを伴う競技であるという特徴があるほか,他の球技ではあまり見られない,ボールをもって自由に走ることができることもその特徴の1つである。すなわち,球技および格闘技の要素をあわせもつスポーツである。

(1) 教育的効果

この競技の教育的な効果を論じる上でまず指摘できることは,ボールを抱えて思いきり自由に走り回ることができる点である。したがって,運動量も豊富となり,身体的な発達を促し,そう快感を味わうには最適な競技の1つであるといえよう。一方,肉体的なコンタクトが伴うために,敵味方が激しく対立する競技であるとのイメージをもたれるであろうが,ノーサイド(試合の終了を意味するが,ゲームが終わればお互いのサイドが無くなり敵味方という垣根が取り払われるとの意味が含まれる)の精神を尊ぶ,スポーツである。次に,"One for All, All for One"というフレーズを紹介したい。これは「みんなは1人のために,1人はみんなのために」と訳され,「仲間を生かし・仲間に生かされる」というもう1つの大切なラグビー精神を表すフレーズである。これらに加えてラグビーは,レフリー絶対の思想のもとにゲームが展開されることから,身体的発達の促進だけではなく,精神の陶冶にも有効に機能するスポーツであるといえよう。

(2) 安全対策

ラグビーは肉体的な接触を伴うため,体育の授業の一環として行う場

合には，他の競技と同様もしくはそれ以上の安全対策が求められる。特に，重症事故発生の原因となることが多いプレーであるタックルとスクラムの指導は，細心の注意を払って行う必要がある。正しい姿勢を維持すること（例えば，スクラムを組む際や，タックルを行おうとする際に腰のラインよりも頭を下げない）などは，ラグビー競技を楽しませる上で必ず行わなければならない指導上のポイントである。また，頸部を中心とする体力的な強化にも努めなければならない。一方，ルールの遵守ということも指導上の要点である。何故ならば，近年特に安全対策上の理由によりルールの変更が行われるケースが多数見られ，例えばスピアータックル（相手を持ち上げて頭から落とすようなタックル，禁止以前はむしろ良いプレーとされていた）が禁止されたことなどを考慮すると，ルールの遵守が安全対策につながることも明らかであり，この点への指導は今後ますます重要になると考えられるためである。また，実際のゲームに際しては，安全上の配慮から，先に指摘した２つの重大事故発生要因となるプレーの出現を抑制することができるように配慮することも，特に指導の導入段階では必要となろう。すなわち，１つにはスクラムでの押しやボール争奪を行わない模擬スクラムの導入である。また，一般的なラグビーからタックルを中心とする接触プレーを無くしたボールゲームである，タグラグビー[3]やタッチフットを採用することも，有効な指導方法となろう。

【参考文献】
1）日比野弘著『日比野弘のラグビー事典』（三省堂，1986) 10 頁。
2）日比野弘著・前掲注(1)50頁。
3）腰にベルトを着け，両腰のワンタッチテープの部分に「タグ（ビニール製のリボン）」を着けてプレーする競技。（日本ラグビー協会ホームページより）

◆ ラグビーの判例解説 ◆

高校ラグビー部員練習試合中死亡事件
　　最高裁（二小）昭和58年7月8日判決，昭和55年（オ）第264号

事実 昭和46年9月当時高等学校3年生であった被害者Aは，他校の教諭Bからの呼び掛けに応じて県内の社会人チームCの補充員として

ラグビーの試合に参加した。試合開始後10分位に,対戦相手の社会人チームDに所属する選手にスマザータックルされて転倒し,頸椎第4,第5脱臼および脊髄損傷の傷害を被り,これによって翌日に死亡した。被害者Aの両親は,教諭Bが有する被害者Aに対する保護監督の注意義務に違反があったとして,静岡県を相手取り損害賠償請求を行った。

判旨 原審判決(東京高裁昭和54年12月11日判決 昭和53年(ネ)第691号)は,教諭Bの保護監督者としての注意義務違反を肯定し,静岡県に対して国家賠償法第1条を適用し,被害者の両親に約1,000万円の損害賠償を命じた。これに対して,最高裁判所は,被害者Aが教諭の公権力の行使としての指揮監督下にあったとの判断および,教諭に課した注意義務違反について,原審はいずれも十分な審理を尽くしていないとして,差戻しを命じる判決を下した。

〔評 釈〕
本件は,指導者の責任を肯定した原審判決を審理の不十分を理由に差し戻したのであるが,判決文中には技量格差に起因する指導者の注意義務違反の認定に関する基準が,以下のように示されている。「高校のクラブ活動として行われるラグビー部の指導者としては,高校生チームを成年男子チームと対戦させるにあたっては,相手方チームの技能,体力を考慮するほか,高校生の技能,体力,体調等にも注意し,両チームの技能,体力等に格段の差があるようなときは,その対戦をとりやめるなどして,両チームの技能,体力等の差に起因する不慮の事故が起ることのないようにすべき注意義務があることはいうまでもない」。すなわち,格段の技量格差を放置したまま,相手との練習・試合を行わせることは,指導者の安全配慮義務違反を肯定するための理由の1つになると判示したのである。事実,高校ラグビー部の紅白試合において,初心者である1年生部員が,主にレギュラー部員で構成される相手とスクラムを組み,押し合う際にスクラムがめくれ上がり受傷した事例(大阪高裁平成7年4月19日判決 平成5年(ネ)第3345号),体力・技術において格段の差のある社会人チームとの対戦において,フッカーが本来のポジションではない,体力・技術的に未熟な生徒が急きょ交替として起用された際に受傷した事例(福岡地裁 昭和62年10月23日判決 昭和58年(ワ)第2058

号（第1審），福岡高裁　平成1年2月27日判決　昭和62年（ネ）第657号（控訴審））等において，指導者の安全配慮義務違反が肯定されたケースがある。このことから，運動部内での上級生対下級生の紅白戦や対外試合・練習（特に較差の発生しやすい社会人チームとの対戦）においては，事故を誘発する恐れのある格段の技量格差を放置したまま練習・試合を継続することに対して指導者は，これを是正するよう適切な措置を講ずる必要があることとなる。

⑧　バレーボール

　バレーボールは，ネットで区切られたコートにおいて6対6（6人制の場合）または9対9（9人制の場合）で1つのボールを使って，自コート上にボールを「落とさないように守り」，相手コート上にボールを「落とすように攻撃する」スポーツである。また，2つのチームがネットを挟んで1つのボールを打ちあうスポーツであるため，比較的ルールやプレーが簡単であるため，誰にでもできるスポーツであると言うことができる。しかしながらその一方で，バレーボールはその競技特性上，ボールは絶えず移動し決して止まることがないため，プレーヤーが常にボールの行方を予想して，巧みな身のこなしで素早く落下点に移動し，ボールを他のプレーヤーに繋がなくてはならないという側面も有する。ボールを床に落とさずに3回以内に相手チームに返球するなど，ボールコントロールや，チームワークが必要になるため，協調性や責任感などを育てる効果もある。また，運動は全体的で，敏捷性や瞬発力など，バランスのとれた体づくりに役立つ。

(1) 健康管理・生活管理

　バレーボールを楽しみ，技能を身につけるためには，まず心身の健康が大切である。特に学校においては，保健室において提携する医師による健康診断や健康相談を必ず定期的に受診するように配慮する必要がある。また，必要な場合には提携する保健機関で精密検査を受けさせるなどして，運動を行う上で留意しなければならない既往症等の有無を把握するように努めなければならない。また，運動をするにあたっては各人

の精神状態（注意力散漫・異常な興奮状態等）・身だしなみ（服装，ツメ）などの心理的側面もリスク要因となるので，指導者は上記を含めた生徒・児童各人の身体・精神状況を充分に把握できるように努めなければならない。

そのための現場指導者対応は，出席確認の際に生徒・児童の様子を観察するのみならず，生徒・児童の生活習慣・生活環境等にも留意する必要がある。

(2) 練習内容・段階的練習

バレーボールはスパイクやブロックなど，ジャンプを繰り返すスポーツである。また，レシーブでは中腰の姿勢から瞬時にボールに向かって飛びつくなど，とても激しい動きをする。その為にバレーボールにおいては様々なケガが起こりやすい。バレーボールで起こりやすいケガは，突き指，膝痛，腰痛，アキレス腱断裂などで，それらはバレーボールの特性をよく反映している。また，多くのケガは，選手自身が行う自己管理で予防が可能であると考えられる。例えば，膝の痛みは，さまざまな原因で起こるが，膝を伸ばすための筋肉が弱いと，何度もジャンプをすることで，膝蓋骨の周囲に炎症が生じ，膝に痛みが出る。そのことから膝痛の予防には，筋力を強化することが必要となる。また，バレーボールで発症する腰痛の原因は，使いすぎによるものがほとんどである。痛みを感じはじめた初期の段階では，安静が必要であるが，しっかりと休養をとり，その後体幹の筋力の強化に努め，柔軟体操などを行うと有効である。したがって，バレーボールにおいては技術指導のみを行うのではなく，技術指導と平行して或いは，時には技術指導に優先して，関節可動範囲の拡張およびバレーボールに必要な基礎体力づくり及び筋力強化に努めることがケガの予防には必要である。

バレーボールはその運動特性上，ボールは絶えず移動し決して止まることがないため，プレーヤーが常にボールの行方を予想して，巧みな身のこなしで素早く落下点に移動し，ボールを他のプレーヤーに繋がなくてはならない。しかしながら，前後左右に素早く動いたり，また跳びあがってボールをスパイクしたりレシーブしたりする等の動きは非日常的な動きであり，初心者にとっては容易なものではない。また，非日常的な動きであるが故にケガのリスクを高める可能性がある。従って，リス

クを低減すためにはバレー特有の「身のこなし」に注目した動作を繰り返し，ストレッチなどと共に準備運動に取り入れて体験させることによって，自分の身体バランスなどに気づかせ，技能・能力に応じて段階的に自己の課題と取り組ませるように配慮する必要がある。

(3) 危険回避能力・危険性の有無・回避方法の説明

　バレーボールは，ネットでコートが区切られているためにボールに触れている時は相手との身体的な接触はないがボールに触れた直後に相手と接触する場合がある。スパイクの場合は後方から助走を付けて踏み切るためジャンプが前方へ流れやすく，着地の際にブロッカーの足の上に乗ったり，逆にブロッカーに足の上に乗られたりするケースがある。このようにスパイクやブロックの直後に接触することが多いため，特にネット付近でのプレーにおける事故には注意を払わなければならない。これらのネット付近でのプレーによるリスクを低減させるためには，タッチネットやペネトレーションフォルトの反則に対しての注意を常に喚起しつつ，スパイクやブロックの技術をしっかりと習得させるように指導することが必要である。

　また，バレーボールは味方のプレーヤーとの接触が起こりやすい競技であるといえる。何故ならバレーボールにおいてはその競技特性（ボールを保持せず，ボレーする）により，ボールを保持しながら周りを見渡してプレーすることが出来ないからである。そのため，ボールに集中していると，時には他のプレーヤーがどこにいて，どういう動きをしているか分からなくなることがあり，その為に味方プレーヤーとの接触が起こりやすくなってしまう。味方プレーヤーとの接触のリスクを低減するためには，ボールを集中するだけではなく周りを見渡すことや意思表示の声を出すことを習慣づけることが必要である。また，ポジショニングだけではなく動きの方向に関する選手間の約束事を決め，徹底させることも有効な手段である。

(4) 施設・設備・用具・記録（身体的・精神的）

　最近は「スポーツは安全が基本」として，高度な安全配慮義務が求められている時代である。すべてが安心して，事故もなく，楽しくプレーできるよう，指導者は常にその責任＝義務を自覚しなければならない。

その義務を法的に見ると「意識を集中させて結果(事故)発生を予見し，それに基づいて結果発生を回避するという注意義務」ということとなる。事故発生を予見するためには，個人の身体問題(運動能力，体質，持病，運動歴……)や施設や用具の状態を把握し，事故が起こる可能性がないか，起こるとすればどのような事故かをチェック(予見)し，その上で事故発生を回避出来るプログラムを立てなければならない。したがって，施設・設備等についても最低限の安全配慮が必要となる。最低限の安全配慮としては以下のことが考えられる。

(a) コートや設備のチェック
① コートが極端に滑りやすく(滑りにくく)なっていないか
② コートに異物が落ちていないか
③ ネットのワイヤーが切れかかっていないか
④ コート周辺に他の用具(マットや跳び箱等)が出しっぱなしになっていないか

(b) 服装などのチェック
① 運動に適した服装か
② 危険なアクセサリーなどを着けていないか
③ 靴紐はほどけていないか

(c) 怪我・事故防止のための申し合わせ
① 体調が悪い時や特病のある時，気分がすぐれない時は事前に申し出る
② プレー中に体調が悪くなったり，怪我をした時(見かけた時)はすぐに報告する
③ バレーボールで起こりやすい怪我について注意を促す

リスクマネジメントの基本的事項は以上である。これらは，指導者にとって安全配慮義務の内容として，最低限守らなければならない必要事項であり，義務でもある。

8 バレーボール

◆ バレーボールの判例解説 ◆

> バレーボール授業中男子生徒の蹴ったボールにより女子生徒頭部負傷事件
>
> 大分地中津支部平成22年1月29日判決（控訴棄却），福岡高平23年9月22日判決（上告棄却），最高裁（三小）平24年12月25日決定（判決文暫定掲載先　http://www.hi-ho.ne.jp/nakadam/diving/index.htm）
>
> **事実**　A市立中学での選択制授業（バレーボール）中に，女子生徒らは体育館のステージ上で談笑し，男子生徒らはステージ近くでボールを蹴って遊んでいた。教諭はこれらの行為に対して注意や指導をしなかった。そして女子生徒（原告）がステージから降りた際に，男子生徒が強く蹴ったボールがその右側頭部に当たった。
>
> 　原告側はこの結果，低髄液圧症候群（脳脊髄液減少症）の傷害を負い，症状固定後は頭痛や耳鳴りなどの症状が残存しているとして，国家賠償法1条1項に基づき損害賠償を請求した。

判旨　(1)　教師の教育活動上の義務について

裁判所は「教師は，学校における教育活動により生ずるおそれのある危険から生徒を保護すべき義務を負って」おり，「生徒の動静を注視しながら適切な指導，監督等の措置を講じることによって，生徒の安全を確保すべき義務がある」とした。また「生徒が悪ふざけ等の逸脱行為に及び事故の発生を招きかねないことを容易に予見することができる」ので，「本件教諭は，事故の発生を防止して生徒の安全を確保するため，授業の開始時に逸脱行為の禁止等の注意を徹底させ，授業時間中には生徒の動静を注視して適宜適切な指導，監督等を行い，生徒が逸脱行為に及んだときは直ちに制止するなどの措置を講じるべき義務があった」とした。

(2)　教諭の過失について

裁判所は，教諭の過失を認めた。

(3)　中学2年生の判断能力が教諭の免責に寄与するかについて

裁判所は過失相殺を認めなかった。

(4)　低髄液圧症候群の事故との因果関係について

裁判所は因果関係を否定した。

(5) 結　論

　裁判所は教諭側の過失責任を認め，A市に約56万6千円の支払いを命じた。原告側は，事故と症状との因果関係が認められなかったことを不服として控訴し，さらに上告を行ったがいずれも棄却された。

〔評　釈〕

　選択制授業（バレーボール）中に指導・監督者が不在の場合，そのボールは「遊び」の道具となり得，同時に危険要因ともなることをこの事例は物語っている。

　この裁判では，事故と低髄液圧症候群の因果関係は認められなかったが，日本スポーツ振興センターは2012年（平成24年）7月，この事案の障害を第2級の3「神経系統の機能又は精神に著しい障害を残し，随時介護を要するもの」に該当するとして障害見舞金の支給を決定している。

　なお，体育の授業中に発生した脳脊髄液減少症等の傷害の因果関係を認めた判決としては，2005年（平成17年），高校のバスケットボールの授業中に，同じ授業を受けていた生徒から顔面を蹴られて障害を負った事例がある。判決では蹴り上げた生徒に約4,136万円の損害賠償を命じている（鹿児島地裁平成23年11月22日判決）。

⑨　テ　ニ　ス

　平成24年度の公益財団法人日本中学校体育連盟および公益財団法人全国高等学校体育連盟のテニス競技（ソフトテニス含む）への加盟生徒数（男女計）がそれぞれ約40万8千人（1位）と約18万5千人（1位）であったように，中学・高校期に運動部活動としてテニスに取組む生徒は非常に多い。また，現行の学習指導要領で示されている「球技」のネット型（バレーボール，卓球，テニス，バドミントン）の種目の中から体育の授業としてテニスを学習する生徒も多数いると考えられる。テニスは生涯を通じて実践できるスポーツである。それゆえに，中学・高校でのテニス活動中の事故防止はもとより，生涯を通じてテニスを安全に楽しむことができるようにするためにも，この時期にリスクマネジメントに関する知識を身に付けておくことは大切である。

9 テニス

(1) テニス活動中の事故等の実態

体育および運動部活動としてのテニス活動中の事故等の実態を，独立行政法人日本スポーツ振興センターの「学校事故事例検索データベース」(平成17年度～平成23年度)他をもとに詳細に分析・検討したところ，以下のような特徴(傾向)を見出すことができた。

① ラケットの顔面・頭部への直撃によるもの

テークバックまたはフォロースルーされたラケットが球拾い，順番待ち，プレー，見学等する者の顔面・頭部に直撃する事故であり，眼球に直撃すると深刻な障害が残る場合がある。

② ボールの顔面への直撃によるもの

プレーする者の自打球が顔面を直撃することもあるが，ケースとして多いのは打たれたボールが球拾い，順番待ち，プレー，見学等する他者の顔面に直撃する事故であり，眼球に直撃すると深刻な障害が残る場合がある。

③ 固定物への衝突によるもの

プレー中，ボールのヒッティング前後にテニスコート内の固定物(ネットポスト，ベンチ，フェンス等)にその存在に気付かず，あるいは勢いを制御できずに衝突する事故である。なお，突風で倒れた防球用ネット(硬式野球の防球目的)の金属枠が直撃したケースもある。

④ 突起物への接触によるもの

テニスコート内にある突起物(ネット締具のハンドル，ほつれたフェンスの針金，コート内に入り込んだフェンス外の木の枝等)への接触にともなう事故である。

⑤ コート外に出たボール拾いによるもの

コート外に出たボールを拾うために登ったフェンス，建物(屋根・屋上)等から落下等する事故であり，死亡したケースもある。

⑥ 移動中の交通事故など

練習(ランニング)中や練習場所，試合会場，合宿場所等に向かう際に遭遇する事故であり，個人の交通事故または集団(歩行，ランニング，自転車)に車が突っ込んできたケースがある。また，顧問教員の運転する車が移動中に横転事故を起こし部員(生徒)らが重軽傷を負ったケースもある。

⑦ 熱中症
　暑熱環境に慣れていない5月頃から夏場の酷暑環境での授業，練習または試合中に熱中症を起こすケースは非常に多い。しばらくして回復する場合もあるが，救急車等で病院に搬送し治療を受けざるを得ないことも多い。死亡に至ったり，重度の障害が残る場合もある。
⑧ 落　　雷
　運動場に落雷しテニス部員が巻き込まれたケースがある。なお，民間テニスクラブでプレー中の男性が振り上げたラケットに落雷した事故もある。
⑨ その他
　コートを整地するために引いていたローラーと壁やフェンスの間に挟まれたケース，ネットを緩めようとハンドルを回していた時にネットワイヤーがはねて目に当たったケース，ネットを張るためにワイヤーを締めていたところ，突然ワイヤーが切れ目に当たったケースなどがある。

(2) 安全管理のポイント
① ボールやラケットの動きから目を離さないこと
　テニスコート内外で球拾い，順番待ち，プレー，見学等している者は当該コートにおいて打たれているボールやスイングされているラケットの動きに対して常に注意を払っていなければならない。球拾い，会話等に集中し過ぎて一瞬でもそれらの動きから目を離すと危険性が高まる。眼球への直撃は最も避けなければならない。
② より安全なエリアに留まること
　練習内容や1コート当たりの人数にもよるが，ボールやラケットが直撃するような，またプレーヤーと接触・衝突するような場所には留まらず，常により安全なエリアに留まる意識を持たねばならない。テニスコートのサイドライン側に待機する場合はネットポスト寄りの位置がより安全だが，ベースライン後方に待機する場合はケースバイケースである。特に，テニス経験の浅い者は打ち出されるボールの角度やスイングされるラケットの範囲に関する予測が十分でないので注意喚起が必要である。
③ 突起物を限りなく除去すること
　テニスコートでプレーする際，パーマネントフィクスチャー（審判台，ベンチ，ネットポスト等）についてはプレーヤーに認識されているもの

9 テニス

であり，通常，衝突等は回避できると考えられるが，想定していない突起物があった場合，それらに接触等して思わぬ事故が生じることがある。具体的にはネット締具のハンドル，ほつれたフェンスの針金，開け放しの扉等がそれらに当たる。テニスコートの日常的な点検・修繕はもとより，ハンドルを内向きにすることや扉を開け放しにしないこと（※写真参照）などを習慣化することが必要である。

④　コート外に出たボールを拾う際の約束事を明確にしておくこと

テニスコート外にボールが出ることはよくある。当然，その都度あるいは授業，練習等の終了後に拾いに行くことになるが，フェンス等を乗り越えねばならない場所や屋根・屋上等の高所などボールを拾いに行く際に危険の伴う場合もある。したがって，テニスコート外のボールを安全に拾いに行くための手順や約束事を決め，それらを常に確認しておくことが重要である。

⑤　移動する際の安全管理を徹底すること

敷地外のテニスコートへの移動や校外でのランニング時に交通事故に巻き込まれないように気を付ける。また，顧問教員，コーチ，保護者等の自動車に部員（生徒）を乗車させて移動する場合，運転を担当する者は安全運転に努めるとともに同乗者全員にシートベルトの着用を励行させるなど安全管理を徹底しておくことが必要である。

⑥　熱中症を起こさせないような環境を整えること

テニスコートに暑熱環境計（WBGT）等を置き，ある一定基準を超えた場合は活動を控えたり，休憩（水分補給等）の回数を増やすなどして熱中症の予防に努める。体を冷やすための氷嚢，日除けのテントやパラソルなども必要に応じて用意しておく。ただし，部員（生徒）自身が熱

中症予防に対する自覚と正しい知識を持つことが最も大切であり，そのための勉強会や講習会（救急法含む）などを定期的に開催することも必要である。

(3) まとめ

以上のように，過去の事故例から学ぶことにより，テニス活動中の安全管理のポイントを幾つか挙げることができた。もちろん，経験的にそれ以外の留意事項も挙げることができよう。しかしながら，各留意事項に対する対応を指導者のみが意識するのではなく，集団・組織（授業，チーム，部，学校等）全体としての安全管理に対する強い意識を醸成するとともに，構成員が安全管理に対する正しい知識を得る機会を設けることが不可欠である。すなわち，テニス活動をする全ての者が，テニスコートには常に危険が内在していることを自覚し，不幸にして事故が起きた場合でも適切に対応できる知識・能力を備えておくことが最善のリスクマネジメントであると考えられる（参考：TTCの事例）。

【参考資料】
・独立行政法人日本スポーツ振興センター「学校事故事例検索データベース」
(http://jpnsport.go.jp/anzen/anzen_school/tabid/822/Default.aspx)

◆ テニスの判例解説 ◆

中学校課外部活動参加生徒テニスコート整備中死亡事件
静岡地裁沼津支部昭和62年10月28日判決，昭和59年(ワ)第204号

事実 昭和56年7月14日，公立中学校のテニス部に所属していた1年生男子部員が，放課後の練習時に他の2名の部員とともにコンクリート詰め鉄板巻製のローラー（620kg）を牽引して同校校庭のテニスコートを整備していたところ，ベースライン付近の窪みに足をとられうつ伏せに倒れた際，ローラーの下敷きとなって頭蓋底骨折により死亡した。

判旨 (1) 被告（三島市）は，原告（死亡生徒父母）らに対し，各金1,028万1,653円及び各内金938万1,653円に対する昭和56年7月15日から

各支払いずみまで年5分の割合による金員を支払え。
　(2)　2名の顧問教諭はローラーを駆足で牽引するなどの危険な使用をすれば，生命・身体に対する重大事故が発生することが充分に予見でき，ローラーの適切な使用方法をテニス部員の生徒全員に周知徹底させるべき注意義務があったにもかかわらず，この注意義務を尽くさなかったため本件事故が発生した。よって，テニス部の顧問教諭を使用する被告市には，国家賠償法1条に基づき，本件事故により原告らが被った被害を賠償する義務がある。

〔評　釈〕
　(1)　本件事故において死亡した生徒の逸失利益の現価額は2,866万1,867円と計算され，原告である同生徒の父母は，その2分の1にあたる1,433万933円を相続したものと認められた。また，葬儀費用についての損害額は50万円とされた。なお，幾つかの偶然等が重なったといえども相当の思慮を備えた中学1年生であった同生徒にも3割の過失があったとして，これを被害者側の過失として過失相殺するのが相当とされた。慰謝料は500万円，弁護士費用は90万円と認定され，原告らが日本学校安全会（現日本スポーツ振興センター）から受けた見舞金1,200万円は原告らの損害補填と解され，その相続分に応じた600万円が控除されるものと判断された。
　(2)　判決理由で示されているように，中学生ともなれば，肉体的かつ精神的にかなりの能力を有しており，ローラーを使用する際，常に顧問教諭が立会いこれを監視する義務があるとまでいうことはできないが，ローラーは危険な用具であることに鑑み，顧問教諭としては，生徒に対しローラーの適切な使用方法を周知徹底させ，生徒らが適切な方法でローラーを使用するように常日頃注意指導すべき義務はある。しかしながら，本件の場合，ローラーを牽引する際の注意事項を周知徹底するために，顧問教諭がテニス部員全員を集め注意したり，新入生が入部する時期に特段の機会を設けたりしたということはなかった。また，ローラーはテニス部員の自由な使用に任され，2名の顧問教諭は，生徒らが何時これを使用しているのかすら把握していなかった。このように，本件は顧問教諭の注意義務違反により発生したものであり，市に損害賠償の責任があるとしたのである。

⑩ バドミントン

　バドミントンは，生涯にわたって老若男女を問わず様々なレベルで気軽に楽しむことができる愛好者の多いスポーツである。また，学習指導要領（中学・高校「保健体育科」）では，球技「ネット型」種目に位置づけられ，体育教材としても多くの学校で取り入れられている。この種目の特性は特異な動きをするシャトルによって決定付けられ，その飛行速度の緩急差が織り成すスリル感と，巧みなラケットさばきで様々なフライトを演出できる打球操作感が魅力のスポーツである。

(1) 体育授業「バドミントン」で起きている事故

　ネット型種目のバドミントンは，対戦相手との激しい身体接触による重篤な事故の危険性は少ない。しかし，ラリー中はシャトルを保持することなく夢中で返球しなければならないため，自陣での近隣者（パートナーや審判など）との接触やラケットが交錯するなどの事故が多い。(独)日本スポーツ振興センターが運営する学校事故事例検索データベースから，授業中に起きた災害共済給付事故件数と主な事例を以下に示す。

バドミントン授業中における災害共済給付事故件数（平成17年〜23年）

	視力・眼球運動障害	歯牙障害	外貌・露出部の醜状障害	精神・神経障害	手指切断・機能障害
中学校	7	2	1	1	0
高等学校	10	2	0	0	0

（独）日本スポーツ振興センター「学校事故事例検索データベース」より作成

・ダブルスの試合中に前衛をしていた生徒が，後衛の生徒がスマッシュするのを振り返りながら見ていた際，打ち損ねた勢いの強いスマッシュが左眼を直撃。〔眼球損傷：中2年男子〕
・試合中，バドミントン経験者の相手がスマッシュしたシャトルを避けきれず右眼を直撃。〔眼球損傷：高3年男子〕
・審判をしているとき，すぐ後ろで練習している生徒に気を取られ，振り向いた瞬間にシャトルが右眼を直撃。〔眼球損傷：中3年女子〕
・ダブルスの練習中，シャトルを追って2人が交錯し，振ったラケット

フレームが生徒の歯を直撃。前歯2本が折れ出血。〔歯牙損傷：中2年女子〕
・ネットの後片付けをしている際，ネットを取り付けるためのスライドフックのネジを緩めた瞬間，フックが勢いよく跳ね上がり顔面を直撃。右眼の下を切り出血。〔顔面損傷：中3女子〕

(2) 体育授業「バドミントン」におけるリスクマネジメント

　学校体育は，適切な指導計画のもと事故防止に努め，安全に運営されなければならず，指導者（教員）には常に結果を予見し，回避すべき注意義務が課せられている。ひとつの事故の陰には，事故には至らない300程の些細な危険行為が潜んでいると言われる。つまり，前掲した事故例の背景には，いくつもの潜在的原因（危険）があったと認識すべきであり，その因子を検証し，排除していくことがリスクマネジメントに繋がる。この観点から，過去に起きた事故例と筆者の指導経験を踏まえて，バドミントン指導現場で想定すべき種目特性に由来する主な事故防止対策についてポイントをまとめる。

○施設・設備・用具管理上の事故防止対策

体育館の事故防止対策
□床面の適正なワックス塗布　□照明の適性な照度確保　□床面の傷み（剥がれ等）確認　□高湿度環境による床面湿気対策　　太陽光の遮光対策　□風（外気）の遮断対策　□適正な館内温湿度（WBGT）管理　□AED設置場所確認
コート（支柱・ネット）の事故防止対策
□ネジ式スライドフック支柱の場合，ネジの有無及び締まり具合確認　□ネットの破れ確認（シャトルのネット通過防止）
用具（ラケット・シャトル）の事故防止対策
□ラケットの折れ，歪み，接合部の緩み（フレームとグリップを持ち雑巾を絞るように捻り確認），ストリングス切れ，グリップの滑り止め対策　□シャトルの選別（羽根折れ，変形は使用しない）

第Ⅰ部　第2章　各運動領域の授業と部活の安全

○体育活動指導上の事故防止対策

活動前の事故防止対策

□無理のない指導計画の立案　□心身の体調確認（傷害の有無含）　□環境に適した服装　□シューズのゴム底劣化確認　□安全指導（潜在する危険の周知，事故事例提示など）　□ルール，マナー指導　□コート準備の際，支柱は縦にして持ち運ぶ　□ネジ式スライドフック支柱の場合，ネジをしっかり締める　□ウオーミングアップ（特に筋肉，関節部のストレッチ）の励行

活動中の事故防止対策

□コート周りの障害物除去（シャトル，衣服など）　□正しいフットワーク及びラケットワーク指導　□個々の技能レベルの把握と組合せ　□打球者間隔の確保　□ダブルスのコンビネーション指導　□汗飛散による床面濡れ対策　□熱中症対策（休息，水分補給時間の確保）　□クーリングダウン（特に筋肉，関節部のストレッチ）の励行　□授業中の怪我・事故確認

○その他留意事項

- ダブルスの指導では，前衛ポジションに入ったら，絶対に後ろを振り向かないよう指導する。
- 動きの特性上，下肢の怪我（打撲や捻挫）が多い。そのためテーピングやRICE処置などの応急手当が適切に行えるよう準備する。
- 天然素材で作られているシャトルは，温度・湿度によって飛び方が変化する。そのため，温度別適正分類表（メーカー共通規格）に基づき環境に合ったシャトルを選択する。
- ネジ式スライドフック支柱のフック飛び出しによる怪我が多い。新しいタイプの紐式クラムクリート支柱への交換が事故防止となる。

10　バドミントン

◆　**バドミントンの判例解説**　◆

小学生バドミントン遊戯中負傷事件
　神戸地裁昭和53年8月30日判決，昭和49年(ワ)第1075号
　控訴審：大阪高裁昭和54年9月21日判決，昭和53年(ネ)第1505号
　上告審：最高裁（一小）昭和58年10月20日判決，昭和54年(オ)第1309号
　差戻控訴審：大阪高裁昭和59年9月28日判決，昭和58年(ネ)第2179号

事実　叔母から贈られたバドミントンセットを使用して，自宅近くの公園で幼児A（当時5歳）とその兄（当時7歳）が遊んでいたところ，兄がシャトルコックを打球しようとしてラケットを上から振り下ろした際，ラケットのグリップ部分から鉄パイプ製のシャフトが抜けて飛び出し，遊び相手の幼児Aの左目に当たり，幼児Aは左目に眼窩部打撲をはじめ角膜結膜切傷や眼底出血等の傷害を負った。そこで被害者Aと被害者Aの両親は，ラケットの売り主である会社Bと，それを公売処分に付した税関長（国）Cに対して損害賠償の請求を行った。

　この兄弟が遊戯の際に使用したバドミントンセットは，ホンコン製の輸入品で製造業者及び輸入業者が不明なため税関長（国）Cにより玩具として収容処分に付され，それを雑貨類販売業を営むPが買い受け，これを会社Bに売り渡した。その後会社Bは，ボーイスカウト主催のチャリティーバザーへの出品要請を受けてこれを販売したところ，被害者Aの叔母が買い受けて被害者Aら兄弟に贈られたものであった。本件ラケットは，ポリエチレン樹脂のグリップにクロム鍍金の鉄パイプのシャフトを約2センチメートル強く差し込まれただけで，留金等の補具や接着剤等は用いられておらず，また劣化によるシャフトの保持力が低下し幼児が上下に振るだけでグリップからシャフトが飛び出す危険性があるものであった。

判旨　裁判所は会社Bに対して，売主は買い主に対して売買契約上の契約責任があり，したがって欠陥ラケットにより生じた事故に対する安全配慮義務違反があると判示した。この安全配慮義務は，信義則上，売買の目的物の使用消費が合理的に予想される買い主の家族，同居者，親族などに対しても負うべきであり，また商品を販売供給する者として，

その供給する商品が他人の生命，身体，財産上の法益を侵害しないように配慮すべき一般的注意義務もあると判示し，被害者Aに対して損害賠償金50万円余りの支払いを命じた。

一方，税関長（国）Cに対しては，第1審（地方裁判所），第2審（高等裁判所）ともに国家賠償法，民法上の注意義務違反がないとはいえないとして責任を認める判断が下されたが，国側は最高裁判所に上告し，その上告審では一転して税関長（国）Cに過失はないと判断され，最終的な差戻後の控訴審判決で税関長（国）Cは責任なしとなった。

〔評　釈〕

本件のような遊戯中の用具や器具等の欠陥による事故は，いわゆる製造物責任事故でありバドミントンラケットという製造物（製品）の製品設計上の欠陥（設計そのものに問題があって製造された製品が安全性を欠く場合）によるものといえる。また，本件に類似した事故として，バドミントンの素振りをしていてシャフトが抜けて，高校生の後頭部に突き刺さるという事故や，玩具のアーチェリーで姉が遊戯中，姉の射た矢の先のゴムが外れて妹の目に刺さってしまった事故なども実際には起きている。

一般的にバドミントンラケットの使用に際しては，捻りや引っ張りの力が大きくかかるシャフトとグリップ，スロート（シャフトをヘッドに繋ぐ部分）などの接続部における安全固定強度は保持されているか，ひずみ，割れ，ひび，経年劣化などがないかを見極めることが留意点となる。またこの判決の中で裁判所は，バドミントンの指導にあたるものは，用具や器具類等について外観の観察だけでなく，特にラケットについては自らがグリップとヘッドを持って捻ったり引っ張ったりして状態を確認したり，実際に素振りやシャトルコックを打球してみるなどの事前の点検をしておくべきであることを指摘している。

⑪　ソフトボール

(1)　ソフトボール関連事故の発生状況

安心して楽しめるソフトボールとはいえ，スポーツである以上，事故

は生じる。平成 17 年から 23 年までに災害共済給付金が給付された事故事例[1]をみると，死亡事故 880 件のうち 3 件，障害事故 3,218 件のうち 87 件がソフトボール関連事故である。また，ソフトボール関連の障害事故を発生時別にみると，体育中に 43 件，部活動中に 38 件，学校行事（競技大会・球技大会）中に 5 件，学校行事を除く特別活動（体育的クラブ活動）中に 1 件が発生している。このようにソフトボール関連事故が生じていることから，危険性の低いソフトボールといえども，指導者には事故防止対策を講じることが求められている。

(2) スポーツ事故の発生要因と防止の観点

スポーツ事故の防止対策を講じるにあたって，指導者は事故を惹起する要因を念頭においておく必要がある。スポーツ事故は，(i)スポーツ活動参加者に係わる要因，(ii)スポーツの固有性・特性的要因，(iii)環境的・物的要因，の単独或いは複数が相互に絡まって惹起すると指摘される[2]。(i)には，①スポーツ参加者自身に係わる要因として年齢・性別等の属性，②スポーツ指導者に係わる要因，③観衆等の第三者に係わる要因が含まれる。(ii)は競技種目の危険度の違いや特性である。(iii)には，スポーツの活動場所や天候等の自然状況及び施設・設備・用具が含まれる。また，この 3 つの要因のうち，a) 施設・設備・用具の管理や天候，季節，場所等の環境への対応といった安全管理と，b) 指導対象者の特徴や競技種目の危険度と特性に応じた指導プログラムの立案と実践といった適切な指導が，特に，指導者と密に関係する観点であると指摘される[3]。従って，指導者のスポーツ事故の防止対策は，まず「安全管理」と「適切な指導」の観点から講じられるべきであろう。

(3) ソフトボール指導における安全管理と適切な指導

先のソフトボール関連事故の中でも件数の多い事故の発生状況に注目すると，体育中（学校行事と特別活動を含む）では，振ったバットや離したバットにより捕手，ネクストバッター或いは観戦していた生徒等が負傷する事故であった。一方，部活中にはこのような事故は生じておらず，バットによりトスする者が負傷したり，ノッカーの振ったバットによりボール渡し係が負傷する事故が生じている。また，体育中にキャッチボールの返球や試合中の打球により捕球者が指を負傷したり，フライボール

第Ⅰ部　第2章　各運動領域の授業と部活の安全

で顔面を負傷する事故も顕著であった。これに対して，部活動中にはキャッチボールの返球により捕球者以外の者が負傷したり，ノックの打球の捕り損ねやイレギュラーした打球により負傷する事故が目立つ。さらに，部活動中では走塁やスライディングにより走者が負傷する事故が生じているが，体育中ではこのような事故はなく，走塁後に意識を失い病院に搬送されて死亡する事故が生じている。

　以上を踏まえて，次に，安全管理と適切な指導の観点から事故防止対策を提示する。

	体　育	部活動
安全管理	グリップテープの状態を定期的に確認する	
	AEDを常備し，定期的に点検する	
	AEDの使用法と心肺蘇生法を学ぶ	
	心臓疾患等の既往症を確認する	
適切な指導	天候によってグリップが滑りやすくなることに注意させる	
	体に合わせてバットの握りを短く或いは長くするようにさせる	
	捕手と主審を務める児童・生徒は必ずマスクをつけるようにさせる	
	バットを振る者に周囲の確認を促すだけでなく，周囲の者にもバットを振る者に対して注意するよう促す	
	キャッチボールのペアが複数の場合には，方向をそろえ，十分な間隔をとるようにさせる	正しい捕球，グラブさばき，グラブのポケットにボールを収める技術の練習等を経てからノックの守備練習に参加させる（段階的な練習方法の実施）
	捕球時に利き手をグラブに添えるようにさせる	
	フライの捕球のペア練習などによってボールとの距離感を体得させる	
		正しい走塁法とスライディング法を習得させる
		固定ベースと移動ベースの違いに注意させる
	十分にウォーミングアップをさせる	

88

11　ソフトボール

【参考文献】
1）日本スポーツ振興センター学校安全Webサイト『学校事故事例検索データベース』
　　<http://jpnsport.go.jp/anzen/anzen_school/tabid/822/Default.aspx>(2013/04/12)
2）小笠原正・諏訪伸夫編著『スポーツのリスクマネジメント』（ぎょうせい、2009)，7頁
3）小笠原正・諏訪伸夫編著・前掲注(1)245頁

◆　ソフトボールの判例解説　◆

市立中学校ソフトボール部員打撃練習中左顔面負傷事故
千葉地裁平成14年4月22日判決，平成11(ワ)1675号

事実　平成8年7月3日午後3時過ぎ頃から市立中学校3年生ソフトボール部員Aは、同中学校グラウンドの一角で、同学年部員Cを相手にして打撃練習を行っていた。同ソフトボール部の練習は教諭Bの指導のもと実施されるが、同日、教諭Bには会議の予定が入っていたため、同日の練習メニューはあらかじめ同ソフトボール部部長に指示されていた。部員Aらの行っていた打撃練習は、打者の斜め前から、ボールを軽くトスをして、これを打者が正面にあるネットにフルスイングで打ち返すというものであった。同日3時30分過ぎ頃に、部員Aが左打者である部員Cに向かって右斜め前からトスを上げていた際、部員Cの打球が部員Aの左顔面を直撃し、部員Aは左上顎骨骨折、左眼球打撲、歯牙打撲等の障害を負った。部員Aは、教諭Bには本打撃練習が本件事故を発生させる危険性を有していたことを予見し、部員に危険が及ばないように本打撃練習を実施させないか、仮に本打撃練習を実施させても市販の防護フェンスを準備してその陰からトスをさせるか、トスする者にマスクを着用させて、打球方向が狂った場合のトスする者への危険性について指導を徹底させる安全配慮義務を怠った過失があるとして、国家賠償法1条に基づき、同中学校の設置管理者に対し、1,839万円の支払を求めて損害賠償請求の訴えを提起した。

判旨　裁判所は、教諭Bが①事件発生時以外の練習にはほぼ立ち会っていたこと、②本打撃練習を段階的且つ継続的に実施していたこと、③本打撃練習について通常必要とされる指示、説明を行っていたこと、④

途中入部した部員Aに対して集中的に指導を行い，部員AとCは本打撃練習を実施できる技術水準に達していたこと，を事実として認定し，加えて，本打撃練習が打撃技術練習の初歩的な段階で一般的に実施されていることを総合的に勘案し，本打撃練習の危険性とその実施の可否について，打球がトスする者に飛来した場合，トスする者がとっさにその打球を避けることは非常に困難であったとしても，本打撃練習が一般にスポーツに内在する一定程度の危険性以上の危険性を有しているとすることはできず，教諭Bに認定した事実以上の指導をすべき安全配慮義務があると認められないと判示した。また，本打撃練習の実施における防護フェンスの使用とマスク着用について，裁判所は，防護フェンスの陰からトスを上げさせることや，トスをする者にマスクを着用させることが一般的であるという証拠はなく，たとえよい方法であったとしてもこれらをしなかったことが安全配慮義務違反であると認められないと判示した。そして，裁判所は部員Aの損害賠償請求を理由がないとして棄却した。

〔評　釈〕
　本件における打撃練習は，広い場所や多数の球拾いをする者を必要としない。また，本打撃練習は，ボールを打ち込むネット，バット，ボールにトスをする者1名さえいれば行えるので，ネットが移動式であれば雨の日でも行うことができる。さらに，裁判でも言及されているように，本打撃練習は打撃練習の中でも一般に広く行われている初歩的レベルの練習方法である。このような特徴を持つ本打撃練習は，部員の間では比較的手軽に行える練習方法として，指導者や監督者が立ちあわない自主練習によく行われると考えられる。しかし，このように手軽に行える練習方法であるが故に，本打撃練習は緊張感を持って行うべきと本件は教示しているといえる。
　また，本件では，トスする者の安全を図る指導がなされていたか否かが争点の1つとなったが，指導者は，部員らが自主練習で本打撃練習を行うことを想定して，部員ら自らが安全を確保できるように日頃から指導を徹底する必要があろう。

⑫ 野　　球

　野球は，小学校，中学校，高等学校において，授業として実施されることはほとんどなく，中学校や高校の課外活動である部活動として行われている。事故も当然部活動中に発生している。過去の野球事故事例をみてみると，事故の発生状況はさまざまである。そのため，事故防止策も多様である。

(1) 野球事故の発生状況

　最近，日本スポーツ振興センターから「学校の管理下における体育活動中の事故の傾向と事故防止に関する調査研究——体育活動における頭頸部外傷の傾向と事故防止の留意点——」調査報告書（2013）が公表された。この調査は，平成17年度～同23年度に災害共済給付（医療費）を行った，中学校及び高等学校の体育活動（保健体育の授業及び運動部活動）による頭頸部の外傷事例のうち，被災当初月給付額3万円以上の4,396件（全17万4千件の約2.5％）を抽出して行ったものである。

　(a)　これによれば，野球事故が最も多く902件で，続いてサッカー837件，ラグビー577件，柔道449件，バスケットボール334件，陸上競技154件となっている。選手数の多寡等の要因があるものの，件数の多さは，被害者がそれだけ多いことを示すものであり，事故防止対策の重要性は高い。

　(b)　活動別・頭頸部別では，体育の授業では，頭部4件，頸部0件である。運動部活動では，頭部790件，頸部108件である。野球事故は頭部が頸部よりも格段に多い。

　(c)　運動部活動での発生頻度（件数÷部員数×1,000）は，0.27人で，ラグビー2.33，自転車1.71，相撲0.85，ボクシング0.76，柔道0.61に次ぐ。野球は選手数が多いこともあって，発生件数の多い割に発生頻度の順位は低くなっている。サッカーは0.26である。

　(d)　校種別発生件数は，中学校167件（授業0件），高等学校735件（うち授業中4件）である。現在，野球は，中学校でも高等学校でも授業で行われることがほとんど無，部活動中の事故の防止が重点となる。

(e) 野球部活動の学年別発生件数は，中1 (51件)，中2 (72件)，中3 (44件)，高1 (330件)，高2 (302件)，高3 (99件) である。高1の件数が多い。概括的には，高1への配慮が特に必要であるといえる。

(f) 傷病別発生件数は，頭部打撲196件，脳震盪123件，頭蓋骨骨折132件，急性硬膜下血腫54件，脳挫傷99件，急性クモ膜下出血86件，急性硬膜外血腫66件，頸髄損傷27件，頸椎捻挫32件，頸椎骨折3件，その他84件（計902件）である。頭部打撲が多い。

(g) 原因別は，「人と接触」167件,「ボールや設備と接触」655件,「転倒等」43件,「その他」37件（計902件）である。「ボールや設備と接触」の件数が極めて多い。私は「ボールや設備と接触」のような大きな枠ではなく,「ボールと接触」「設備と接触」に分けるのが事故防止の観点からは適切であると考えるが，ボール（特に打球）による事故への配慮が必要であることが推測される。

(2) 事故防止策

(a) 打球命中事故

① 打撃練習中（フリーバッティング，ハーフバッティング，シートバッティング等）で，投手役に打球が命中する事故はしばしば発生している。日本高野連は，先に打撃投手用ヘルメット（ヘッドギア）を開発し，その着用を義務づけている。着用していても完全に防御できないケースもある。投手も，打球に注意を払う必要がある。

② ピッチングマシーンを使っての練習中，ボールをセットする役に対して，打ち出し穴や防御ネットの間から打球が飛び込み，命中する事故もある。セット役自身が打球を避けるように注意することも必要であるが，打球の入ってこない設備を配備することも求められる。セット役は，往々にして1年生や女子マネージャーが担当することも多く，回避能力が低い者の配置は，慎重でなければならない。

③ 数カ所に分かれて打撃練習をする場合，隣の箇所の投手役に打球が命中する場合がある。この事故を避けるためには，隣同士が適当な距離を保つとともに，投手役が時間差で投球する工夫が必要である。

④ 部員がボールの行方を注視していないための事故も多い。例えば，前の打球を拾いに行った外野手に次に打球が命中する場合などである。

(b) グラウンド同時使用中事故

12 野　　　球

　野球部専用のグラウンドを持つ学校は多くない。各スポーツ種目の大会が，日程的に重なるような場合などは，無理してグラウンドを複数のスポーツ種目の部活動が同時使用するケースもある。例えば，①野球部の練習中，隣の面でノック練習をしていたソフトボール部員に野球部員の打球が命中した事例，②流し練習中の陸上競技部員に野球部のキャッチボールの球が命中した事例，③ボールを拾いに野球部活動区域に行ったサッカー部員に野手の送球が命中した事例などである。このようなケースでは，部活動間の十分な調整，部員への周知徹底などの配慮が必要である（ハンドボールコートのライン引きをしていた部員の頭部に野球部員の打った打球が当たった事例：福岡地裁小倉支部昭和59年1月17日判決，判時1122号142頁）。野球部が加害者側になる場合だけでなく，被害者となることもある（守備練習中の野球部員にハンマー投げのハンマーが命中した事例：大阪地裁昭和59年9月26日判決，判時809号74頁）。

　(c)　練習試合で打球が野手の胸に命中し，心臓震盪により死亡した事例がある。これを防止するために胸部防護パッドが開発されている。守備練習時の着用が推奨されているが，衝撃をすべて吸収するものではない（軽度の刺激でも心臓震盪の可能性がある）ことを理解しておくべきである。

◆　野球の判例解説　◆

> **ハーフバッティング中打撃命中事故判決**
> 宇都宮地裁平成4年12月16日判決，判時1461号129頁，東京高裁平成6年5月24日判決，判時1503号79頁
>
> **事実**　県立高校野球部では，昭和62年2月17日に同校グラウンドではハーフバッティング練習を行っていた。打撃練習の際，固定されたホームベースの両側（1塁側と3塁側）にバックネットに向けてバッティングケージを設置し，各ケージ中に移動式のホームベースを置いた。1塁側のケージでの投手役Xと打者との距離は約12mで，監督は，ケージの後方で指導していた。午後5時5分ごろXの投げたボールを打者が打ち返したところ，そのライナーがXの右側頭部（右耳後ろ側）に命中した。X側は，練習に立ち会っていた監督の指導上の過失について，国家賠償法1条1項に基づき，損害賠償請求をした。

判旨 投手役と打者の距離約12mは，正規の投手とホームベースとの距離（18.44m）の約3分の2である。この距離では，投手に向かってライナー性の打球が飛んだ場合には避けることができない。防球ネットがあったとしても，安全とはいえない。ハーフバッティング練習といわれる練習方法は，県内の多くの学校で実施されており，中には12mより短い距離で行っている学校もある。しかし，今回の練習方法は十分に危険であり，監督もこの危険性を十分に知ることができた。監督には過失が認められ，高校の設置管理者である県には損害賠償責任が認められる。

〔評　釈〕

本判決は，当時の野球部員は，ハーフバッティング練習は，投手になるときは，7，8割程度の力を入れて投げ，打者の時は7割程度の力でジャストミートをするものと考えていた，と述べる。ジャストミートされた打球は，たとえ7，8割の力で打たれても，相当な速度が出るものである。この方法の有用性を唱える指導者も少なくないが，仮にこの方法を実施する際には，打撃投手用ヘルメットを着用するなど，十分な事故防止策が必要である。

⑬　柔　道

柔道による怪我は，肩，肘，膝等の捻挫，骨折，脱臼や脳震盪など多岐にわたる。特に脳の損傷では，頭部を打たなくても脳が前後方向に激しく揺さぶられることで起こる「回転加速度損傷」，一度ダメージを受けた脳が再度強い衝撃を受けると危険度が極めて高まる「セカンドインパクトシンドローム（SIS）」によって「急性硬膜下血腫」が起こるといわれている。

指導者は生徒の心身の発育発達段階や能力・適正，興味・関心等の実態を考慮し，技能の程度に応じて危険な要因を予知・回避できる安全な活動や試合が行えるように学習内容を考えていく必要がある。ここでは授業における指導上の注意，施設の安全管理について考えていく。

13　柔　道

(1) 指導上の注意

(a) 受　身

基本動作である受身は，柔道を学習する上で最も重要な動作であり，事故防止のため習得させるべきである。指導では「易から難」「低から高」「遅から速」「弱から強」「単独から相対」へと生徒の習熟度に合わせて段階的に進めることが重要である。その際，工夫を加え，興味をもたせながら行うとよい。

(b) 危険を伴う状態・投技

(ⅰ) 手を離す（写真①）

①

技をかける人（以下，取）が投げた後に手を離してしまうと，投げの勢いで技を受ける人（以下，受）は受身をとりにくいほか，後頭部を打ちやすく事故の原因になる。投げたあとは手を離さないように注意深く指導する。

(ⅱ) 体が重なって同時（同体）に倒れる（小内刈，大内刈，大外刈など）（写真②）

小内刈，大内刈などは，相手に倒れ込むと受の衝撃が大きく，後頭部を打つ可能性が高くなる。投げたあとは両足を着地させ，膝を曲げ安定

第Ⅰ部 第2章 各運動領域の授業と部活の安全

した姿勢を保ち，受を支える。また，受が投げられまいと抱きついたり，投げられた後に相手を投げようとすると重なって同時に倒れる可能性が高くなるので注意が必要である。

②

(ⅲ) 頭を突っ込みながら技をかける（内股，払腰など）（写真③）

③

内股や払腰などでは引き手が低い，頭が下がる，釣り手が伸びているなど技が未熟であることが要因で畳に頭から突っ込みながら投げようとする場面がみられる。これは頸椎脱臼・骨折による四肢・半身麻痺といった後遺障害につながるので注意深く指導する必要がある。技の形が崩れている場合は，技を掛けさせないよう制約を設けて指導する。

(ⅳ) 極端な低い姿勢で技をかける（背負投など）（写真④）

④

背負投などにみられる極端に低い姿勢でのかけ方は，受が頭部を打ちやすく頸椎損傷につながるので禁止させる。技をかけたとき体を極端に丸めるのではなく，上体を起こして前を向き，脚の力を利用して相手を担ぎ上げて投げるように指導するとよい。

(c) 乱取り

乱取りを開始するときに怪我の発生率が最も高いので，はじめは身長・体重などの体格差をなくすように考慮する。さらにどちらか一方が「技をかけるのみ」，他方が「技を受けるのみ」や「技の種類を制限する」などの条件を設定して行うことが事故防止になる。またグループ分けにより活動人員を制限し，スペースの確保と休憩に配慮する。

(2) 施設の安全管理

　畳は適度な弾力性があり滑りやすくなく，かつざらざらしていない柔道専用の畳を用いる。また畳の間に隙間がないように整然と並べられ，表面が破損しておらず平らであり，指などが挟まれないよう固定されていることが大切である。畳が常設されていない体育館などで行う場合も，同様の注意をはらいながら設置する。また道場の側壁に柱がある場合には，衝撃が吸収できる緩衝材を設備する。
　また，熱中症の予防策として，換気が十分できるような窓や空調設備が設備されていることも大切である。

(3) 頭頸部などの受傷後の対応

　脳震盪をはじめ脳の損傷が疑われる場合は，重大な事故に発展するため注意が必要である。「頭痛」「吐き気・嘔吐」「意識障害」「いびきをかいて寝る」「鼻や耳からサラサラの血液が出る」など異常が発生したら至急救急車を要請する。これらの症状は時間の経過とともにも起こる可能性があるので，授業終了後，疑いがある場合は症状がなくとも学校保健師（養護教諭）の付き添いのもと保健室等で注意深く経過観察し，少しでも異常が感じられたら脳神経外科に受診する。さらに，保護者にその旨を伝え，放課後以降の注意を促しておく。
　頭部受傷後，授業に復帰する場合には見極めが重要であり，早すぎると再度受傷した際に，より重大な事故につながる可能性が高くなる（SIS）。したがって，授業に参加する前には再度医療機関を受診し医師の許可を得ることがよい。
　頸部損傷は，「手足が動かない」「しびれる」といった症状があげられる。これらの症状がある場合には，受傷者を動かさず至急救急車を要請する。また時間とともに上記の症状が現れた場合には医療機関に受診することがよい。
　筋肉や関節などの怪我や熱中症の場合は，ただちに練習を中止させ応急処置を行いながら経過観察し，必要に応じて専門医の指示を受ける。

【参考文献】
1) 早川芳太郎・西田泰介・野沢要助・石井紳三編『体育・スポーツの事故と対策』

（第一法規，1974）
2) 小俣幸嗣『武道の教科書』(成美堂出版，2012）
3) 松永大吾「医科学的見地からみた部活動としての柔道」（長野県高等学校柔道部顧問会議，2013）
4) 長野県教育委員会『柔道学習指導の手引き続編——けがをさせない指導法——』（長野県教育委員会事務局スポーツ課，2012）
5) 全日本柔道連盟『柔道授業づくり教本——中学校武道必修化のために——』（財団法人全日本柔道連盟，2010）
6) 全日本柔道連盟『柔道の安全指導——事故をこうして防ごう——（第三版）』（財団法人全日本柔道連盟，2011）

◆ 柔道の判例解説 ◆

市立中学校柔道クラブ新入生練習中負傷事件
熊本地裁昭和45年7月20日判決，昭和42年（ワ）第151号

事実 市立中学校の特別教育活動の一環として行われていた柔道クラブの練習中，クラブ指導担当教員の不在時に，中学校の柔道部の新入生Xが，5月の午後5時頃，練習に参加していた高校生（柔道初段）Yに背負い投げをかけられ，前頭部を強打し，その結果脳内出血，脳軟化症等の傷害を負い，言語障害，右半身麻痺の後遺症が残った。そこで，Xとその両親は，市，校長および柔道クラブ指導担当教員に対して，損害賠償の請求を行った。

判旨 特別教育活動の一環として行われていた柔道クラブの練習中に内在する危険性に鑑み，校長およびクラブ指導担当教員が当然生徒の生命，身体の安全について，例え勤務時間外といえども万全を期すべき注意義務があるのに，それを怠った。勤務時間外として指導監督を放棄する場合は，柔道練習を止めさせるなどして，危険の発生を防止すべき義務がある。本件は，市の公務員である教員の過失に基づくものであるから，市は国家賠償法第1条により損害賠償義務を負う。もっとも，担当教員および校長の公務員個人としての賠償責任はない。

〔評　釈〕
　体育の授業にせよ，部活動あるいは体育的活動にせよ，運動活動中は指導担当教員が，活動現場にいて指導にあたるのが，原則というよりも

鉄則と言ってもよいくらいであり、どうしても不在となる場合には、他の教員やコーチ等に連絡して指導者不在という状況は避けたい。本件の場合は、柔道クラブ担当指導教員が2人とも会議に出席していて不在であり、しかも学校から委嘱され実技指導にあたっていた、いわゆるコーチも来ていなかった、まったくの指導者不在の状況の中で起きた事故である。それも生徒間の自主的練習中の事故であり、担当指導教員の責任がまず問われよう。特に入学間もない新入生であれば、部員によっては、受け身もしっかりと身についていない場合が往々にしてみられ、格別な配慮が必要な時期である。学校および部活動の、まさに適切なリスクマネジメントが必要とされるケースといえよう。

指導と勤務時間の関係については、柔道クラブ活動が正規の教育活動である以上、たとえそれが教員の勤務時間を超えて行われることを通常の形態としても、クラブ活動を実施するかぎり、指導担当教員には、勤務時間外においても生徒の生命および安全について注意を払う職務上の義務があると、明確に判示されている。

⑭ 剣　道

剣道は「一本」、すなわち有効打突を競い求め合う対人競技である。有効打突とは、頭部の「面」、前腕部の「小手」、腹部の「胴」、咽喉部の「突き」、以上4か所のことを示している。剣道は、互いが防具を着用した上で、これらの部位を攻め合い、間合いや打突の機会を計りながら竹刀で打ち込んでいくという競技である。

このような競技特性を踏まえつつ、今回は、剣道の授業や部活動におけるリスクマネジメントについて取り上げ、その留意点などを紹介する。

(1) 安全管理

剣道の授業を実施するにあたり、安全管理をどのように行えば良いのか、剣道が専門でない人にとっては難しい部分である。剣道は、竹刀を用いるということもあり、ルールや基礎基本から外れたことをしてしまうと重大な事故につながる可能性がある。しかしながら、あまりにもそれで締め付け過ぎると授業が活性化せず、剣道の醍醐味や面白さを味わ

うことが困難となる。教員や指導者は，事故防止のポイントを押さえ，生徒が思いっきり活動できるような環境を作らなければならない。剣道の授業および部活動において最低限注意しておかなければならない点は，下記の3つである。

(a) 竹刀の安全

竹刀に関する事故として，竹刀が竹製の場合には，「ささくれ」や破片などが原因のもの，さらに竹刀の先端部が丸ごと面金内部に突入したり，1本または2本の竹片が瞬間的に先革から抜け出て，相手の眼や眼窩部周辺に障害を与えることがある。これらの事故を未然に防ぐ方法として，いちばん確実で簡単なことは，稽古前後に竹刀の手入れを欠かさないことである。チェック項目としては，「ささくれがないか」「中結は緩んでいないか」「先革は破れていないか」「弦は強く張っているか」などがある。これらのチェックは，最低限行う必要がある。

(b) 剣道具の安全

面や小手の布団部の緩衝性は，布団の芯材の種類や糸の刺し方によって変わる。糸の刺し方が細かいほど緩衝性は低く，芯材が真綿のような含気性の高いものの方が緩衝性は高くなる。しかしながら，現代の防具の品質は格段に良くなっており，日頃から点検をしていれば，大きな問題は起きにくい。初心者の場合は，紐の結び方が甘く，すぐにほどけてしまう傾向があるので，周りの仲間に手伝ってもらいながら正しい着装をするよう指導する。

(c) 体育館（道場）の安全

剣道を行う体育館や道場の良し悪しは床で決まる。床の状態によっては身体に障害（踵・膝・腰などの障害，アキレス腱断裂など）が発生しやすくなる。床の材質や構造，さらには塗料などについても配慮が必要であるためである。また，通気性や採光についても考慮しなければならない。また，体育館で行う場合，バレーボールなどのポールを立てる差し込み口をラインテープ等で塞いでおく必要がある。これは，打突をしようと踏み込んだ時に，金具が飛び出して足を挟んだり，足の指を切ったりする恐れがある。また，バスケットボールのゴールが可動式の場合は，生徒が竹刀を振り上げても届かない位置まであげておくと竹刀がぶつかる心配がない。可動式でない場合は，ゴールネットを予め外しておくなどして対応すると良い。

(2) 剣道に多い傷害

剣道で発生するスポーツ傷害は腰痛が最も多く，次にアキレス腱痛，左足底痛などがある。これは剣道の構えと打突動作の特性が反映されている。これらの傷害予防には重心を安定させることが重要である。重心安定に不可欠な腹筋（腹横筋，腹直筋，外腹斜筋）のトレーニングを行うことで，腰だけでなく大腿筋群や下腿筋群へのストレスも減るため，膝やアキレス腱の傷害予防にもなる。

【参考文献】
1) ㈶全日本剣道連盟　「剣道医学Q＆A」
2) ㈶全日本剣道連盟　「剣道指導要領」

◆　剣道の判例解説　◆

> I 市立中学校生徒剣道授業中，破損竹刀傷害失明事件
> 　名古屋地裁昭和63年12月5日判決，昭和55年ワ第620号
>
> **事実**　市立中学校の体育の授業中，3年生Xは，担当の保健体育教員（剣道3段）Y_1の指導のもとに，同級生と防具をつけて，竹刀で面を打ち合う練習をしていたが，同級生の竹刀の先が破損してXの右眼下に突き刺さり，右眼を失明した。そこでXは，Y_1が竹刀等の十分な点検をせず，また授業中も異常な事態が発生しないかなどの監督を怠ったとして，同中学校の設置者である市Y_2に対して，国家賠償法第1条に基づき，損害賠償の請求を行った。

判旨　担当の保健体育教員は，授業の開始後練習前に生徒達に竹刀の点検をさせ，異常のないことを確認したり，練習中も生徒の間を見回るなど，生徒の行動を監視する義務を怠ったとはいえず，また本件のような竹刀の破損により事故が生ずる前に，異常に気づくことを期待するのは無理であり，当該教員に過失なしとして，裁判所は市に対する請求を棄却した。

〔評　釈〕
竹刀や防具は，念には念を入れた点検が必要であることを改めて認識

させられた事件である。体育・スポーツ活動の際の用具の点検と保守は，まさにリスクマネジメントの主要課題の一つである。個々の練習（例えば掛かり稽古と地稽古等）の間には，竹刀と防具について，何か異常がないか，変わった点はないかなど，形状や色等を目で観察したり，調べたり（視覚・視診），手や指で触って調べたり（触覚・触診），叩いたり，弾いたりして音を調べたり（聴覚・聴診）など，指導者自ら行うだけでなく，生徒自身が点検するように，できれば練習の前，練習中もそして練習後もこまめに点検する習慣をつけたい。

　竹刀の使用頻度や時間および活動強度（合宿や暑中稽古や寒稽古等）も勘案して，一定の使用期限（耐用年数）がきたら，一部もしくは，かなりな相当部分，新旧を入れ替えるべきであろう。

　本件は，竹刀の破損による不幸な事故が起きてしまったが，いわば竹刀の安全のため，今日，折れにくいカーボン製の竹刀が広く使用されるようになっている。もっともこれも絶対に安全なものとはいえず，海外（英国）の事例では，相手から「小手」を打たれた際，カーボン竹刀が割れて，破片が腕や脇腹に刺さる事故が発生している。（英国剣道協会「剣道ニュース」1989年4月号）

⑮　スキー・スノーボード

　スキー・スノーボードは，自然・地勢，用具，滑走技能に起因する危険がある。それらに対する理解と安全に配慮した指導が必要となる。

(1) スキーの特徴的な傷害

　スキーの傷害の特徴は脚が捻られる怪我である。怪我を防止するにはビンディングの調整が重要になる。ビンディングは，脚に無理な力が加わった際に外れるように設計されている。機能の限界もあるが，適切な強さに調整していないと期待通りの解放機能を発揮してくれない。解放の強度は生徒の体格（身長・体重・年齢）とスキー靴のソールの長さによって決まる。各自の体格に合わせた調整は専門的な知識を持った有資格者が行うことになっているため，指導者といえども調整作業や生徒間での

安易な貸し借りは行うべきではない。

(2) スノーボードの特徴的な傷害

　スノーボードの特徴的な傷害に逆エッジ転倒による怪我がある。逆エッジ転倒とは，進行方向側のエッジが雪面にくい込んで急停止した状態となり，勢い余って身体が激しく投げ出される転倒である。（写真：スノーボードの逆エッジ転倒参照）。緩斜面で初心者に多く発生する。転倒の際に手を突くと腕や肩を骨折，背中側に転倒した際には後頭部を打ったり，尾てい骨にひびが入ることもある。怪我を防止するためには，膝やお尻を守るプロテクターを着用する。さらに逆エッジ転倒で怖いのは，頭部が急激に振られることで脳の血管が損傷して硬膜下血腫という脳内出血が発生することである。衝撃の大きな転倒をした後で，激しい頭痛やしびれなど異変を感じたら脳内出血が進行している可能性がある。直ちにスキー場のスキーパトロールに申し出て搬送，さらには脳神経外科の病院で診察を受けることが必要となる。

(3) ゲレンデ選びと滑走方法

　初級の生徒の指導に当たっては，ごく緩い斜面で，確実に止まる，曲

がる，ができるようにしておくことが肝心である。いきなりリフトで能力以上の斜面に行って七転八倒では怪我のもととなる。斜面を滑り出すときには上方からの滑走者や下方にいる滑走者を確認する。他の人と衝突しないよう前方を注視しながら滑ることが必要である。ルールにも示されているが，少なくとも30メートル前方を見ながら滑るよう心がけなければならない。上方を滑る人は下方を滑る人との衝突を回避することに努め，下方にいる人も斜面を横切ったり，急停止するような時には，上から来る人と衝突しないように，且つ，衝突されないように注意を払う義務がある。

(4) 万一事故に遭った場合の対処法

万一事故に遭った場合には，二次的な被害を招かないために，怪我をしている人の斜面の上側へスキーやストックを×印にして立てる。スノーボードは滑走面を上にバインディングの面が雪面になるように裏返して置き，上から滑って来る人に事故が発生していることを示す。事故に遭遇したら当事者の救急処置に当たるとともに，救助のパトロールを要請する。怪我をした人が手や足に麻痺が生じているような場合にはむやみに動かしてはいけない。脊髄を損傷していることを疑って処置することが必要である。不用意に動かすと大きな障害を残す損傷を与えかねない。バックボードという身体を完全に固定する専用の担架で搬送しなければならないのでスキーパトロールの指示に従うようにする。

対人衝突事故の場合には，当事者や目撃者等の氏名，住所，電話番号等，そして衝突に至った様子を記録するようにする。事故への関与の有無に関わらず周囲にいる人は協力しなければならない。対人衝突事故では，事故の責任が裁判で争われることがしばしば発生している。事故直後の情報収集と記録は後々責任問題の問題で非常に重要になる。

(5) ヘルメット

防寒と事故防止の観点から生徒には帽子を必ずかぶらせなければならない。帽子の代わりとしてウェアに付いているフードで代用させてはならない。より積極的に傷害を防止するためには，帽子の代わりにヘルメットをかぶらせるべきである。立木など障害物に衝突しても致命傷となることを防いでくれる。

(6) 保　険

　部活動やサークルでスキー・スノーボードを行う場合，万一の事故や傷害に備えて保険を掛ける。日帰りや数日の場合には，「国内旅行傷害保険」がお奨めである。必要に応じて保障の内容や保険料が設定できる。例えば1泊2日で保険料を500円にした場合，死亡・後遺傷害：630万円，入院（日額）：8,800円，通院（日額）：5,800円，賠償責任：3,000万円である。よくスキー場に出掛ける部活動の場合，スポーツ安全保険に加入しておくことも推奨。生徒の怪我に備える傷害保険と生徒が他の人に怪我をさせた場合の補償に備えて賠償責任保険を掛けておくことが必要である。シーズンが始まる前に保険会社に相談してくことも重要である。

◆　スキー・スノーボードの判例解説　◆

> スキーヤー雪に隠れた岩に衝突負傷事件
> 金沢地裁平成3年5月30日判決（控訴），平成2年（ワ）第185号
>
> **事実**　平成元年1月，村営スキー場でメインコースを滑降していた男性スキーヤー（原告，39歳，スキー歴13年）が，雪に隠れていた岩に引っかかって転倒し，頭を石に激突させ負傷した。このコースは事故前日まで雪不足の状態であったが，前夜からの降雪により約20センチメートルの積雪があった。朝の始業点検でパトロール隊員が現場付近は新雪が圧雪されておらず，石や茂みに触れる状態であったところから危険と判断した。そこで，竹竿等で進入禁止を示す標識を設置した。しかし，スキーヤーが来た時点では，これらの標識はなくなっていた。
>
> 　事故の直前原告スキーヤーは，現場の手前で一旦立ちどまり，下を眺めたが，何らの目印や標識もなかった。シュプールの跡が何本かあり，3，4人のスキーヤーの姿も見られたことから，特に危険を感ずることなく，下方に向かって斜面を滑降し始めたところ，約30メートルほど下った地点で，雪の下に隠れていた岩石にスキー板が引っ掛かったため，原告は前のめりになって転倒し，頭部を石に強打し頚椎骨折等の傷害を負った。
>
> 　この事故により原告は村に対して，スキー場の設置管理に瑕疵があったとして，588万円余の損害賠償を請求した。

判旨 当時，本件コースは滑降に適さない状態であったから，スキー場を設置管理する被告スキー場としては，スキーヤーが誤って進入しないように適切な措置を講ずる必要があり，これを欠いた場合には，国賠法2条にいう瑕疵があったというべきである。一方，原告スキーヤーにも積雪の量，質が滑降に適しているか否かを確かめることなく滑降を始め，若干の過失があったとして15％の過失相殺を認め，村に399万円余の支払を命じた。

〔評 釈〕

スキースポーツの本質的危険として障害物との衝突も含まれる。危険物が認識できる場合には，スキーヤーが避けて滑走しなければならない。認識し難い場合には，スキー場管理者は存在がわかるように竹竿や標識等の目印を付けたりコースを閉鎖することが求められる。

立入禁止が示されている区域にはスキーヤーは進入してはならない。これはルールであるが，スキー場管理者には，引き返すことができない場所に立入禁止の標識を設置することは安全を確保する効用を害されることにつながる懸念があり，山頂やリフト乗り場等，人的，物的措置を講じ情報提供や案内が必要となる。

本件では一旦設置されていた立入禁止の竹竿等が事故当時には何らかの原因で無くなっており，事故につながった。標識を取り去るような行為は言語道断であるが，スキー場管理者には巡回点検を頻繁に実施するなど適正な状態が保たれるパトロール活動が求められる。

スノーボーダージャンプ台でジャンプし着地後児童衝突事件
松山地裁平成22年5月12日判決，平成20年（わ）第70号

事実 平成18年2月，スキー場内のスノーボードコースに設置されたジャンプ台（幅約2.5メートル，高さ約0.7メートル）を利用して男性A（スノーボード歴6年の上級者）がスノーボードで前方宙返りをするためにジャンプした。同コースはジャンプ専用のコースではなく，ジャンプ台下方には人の進入を防止するような設備が施されておらず，脇から他のスキーヤー等が通過することのあるところである。また，滑走を開始する約59メートル手前の地点からは，本件ジャンプ台下方の着地点

付近が見通せず，同着地点付近の人の有無が確認できない状態であった。Aは友人のBに対し，前方宙返りが上手くできているかを見てくれるよう頼み，Bは本件ジャンプ台下方が見渡せる位置に移動し見ていた。

Aはジャンプ台で前方宙返りを行い着地直後，ジャンプ台下方に仰向けにスキーで転倒していたB（9歳，児童）の頭部にスノーボードを衝突させ，完治不能な四肢運動障害を伴う脊髄損傷の傷害を負わせた。

本件事故に関してAが起訴された。刑事裁判においては，着地点付近の人の有無を他者に確認してから滑走を開始すべき注意義務があるのにこれを怠り，着地点付近には人がいないものと軽信し，同着地点付近の人の有無を確認することなく漫然と滑走を開始したこと，特に第三者に着地点付近の人の有無を確認すべきであったのにことは重大な過失であったとして，審理された。

検察官は，被告人Aに対して禁固10月を求刑した。

判旨 被告人は無罪。

被告人Aは状況に応じた一応の注意を払っており，通常であれば，被告人がした程度の注意でも，十分事故が防げたと考えられ，本件事故が発生したのは，前のスノーボーダーがジャンプした後，本件児童が本件ジャンプ台下で仰向けの状態で止まったという，被告人側からすると予測外の事態が発生したことによるのであって，被告人が，第三者に下方の安全を確認させなかったことを著しい注意義務違反とみるのは相当ではない。

検察官指摘の事実からは，被告人の滑走開始前に本件児童が本件ジャンプ台下方にいたとの断定はできない。

〔評 釈〕

ジャンプ台付近に友人のBを配してジャンプ台下方には誰もいない旨の合図を受けてスタートしたものであるが，折しもその時にスキーで滑走していた児童Cがジャンプ台下方で転倒し，その父親Dが跪（ひざまず）いて助けようとしていた時にAがジャンプで着地する瞬間であった。これをもって刑事責任が問われる重大な過失とは判断されなかった。損害賠償責任に関しては，別途民事裁判で検討される事案である。衝突事故を防止するためには，ジャンプ台の下に進入することがないようなルールの徹底と構造や誘導を行うスキー場側の管理が検討されなければならない。

2. 運動部活動の安全指導

(1) 運動部活動の目標と勝利至上主義の観念

　わが国の教育行政を司る文部科学省は,「新学習指導要領・生きる力」において部活動を, 指導計画の作成等に当たって配慮すべき事項として, 以下のように位置付けている。少々長文であるが, そのまま引用する。
　「生徒の自主的, 自発的な参加により行われる部活動については, スポーツや文化及び科学等に親しませ, 学習意欲の向上や責任感, 連帯感の涵養等に資するものであり, 学校教育の一環として, 教育課程との関連が図られるよう留意すること。その際, 地域や学校の実態に応じ, 地域の人々の協力, 社会教育施設や社会教育関係団体等の各種団体との連携などの運営上の工夫を行うようにすること」[1]。このことから部活動は, 教育活動の一環として行われる, ということは明らかである。そのためスポーツ系の部活動の目標は必然的に, 身体的発達の促進や責任感・連帯感の涵養といった生徒の"生きる力"の創造, および地域との連携の強化という社会教育的な効果の創出にあるといえよう。また参加は, あくまでも生徒の自主的・自発的なものに任せられるため, "楽しさ"を前提に活動が展開されるものと考えられよう。この"楽しむ"ことがスポーツ（系の部活動）の前提となるということは, スポーツという語源から推察しても妥当なものであるといえよう。というのは, スポーツという語はレイモン・トマ[2]によれば,「はしゃぎ回る」を意味する動詞（desporter）に由来する, 古フランス語の名詞デスポール（desport）から派生している, と言えるためである。したがって, 勝利を至上の価値として位置付け部活動を展開することは, 教育という範疇や語源から辿ったスポーツの本質から逸脱していると言わざるを得ない。
　しかしながら, スポーツ系の部活動において勝利を追求することが完全に否定されるかといえば, そうでは決してなかろう。そのことは以下の理由から説明することができる。例えば, 参加することに意義があるとするオリンピックにおいては, 一方で,「より速く（Citius）, より高く（Altius）, より強く（Fortius）」というオリンピック精神に基づいて

研鑽することが呼びかけられ[3]，勝者に対してのみ表彰がされており，現代スポーツにおいては勝利を追求することを肯定していると読み取ることができるためである。一方，勝利を追求していく過程で，他者との競争にさらされることによって努力することの大切さや，仲間との協調といった精神的な発達を促すことが期待されることも事実である。これらの精神的な営みは，"生きる力"の創造にほかなるまい。また，他者との切磋琢磨だけではなく，自分自身への挑戦すなわち新しい自分の発見や自己実現の可能性をも秘めているといえよう。近時，「広く国民に敬愛され，社会に明るい希望を与えることに顕著な業績があった」[4]ことを理由に，女子レスリングの選手が国民栄誉賞を受賞した。この選手が広く敬愛されたのは，日々の努力の姿勢に加えて，13大会連続世界一（世界選手権10連覇とオリンピック3大会）を達成したという，偉業がそこにあったことを指摘したい。

すなわち，スポーツ系の部活動において勝利を追求することと，人格の陶冶等の教育的効果を追求することとは決して，二律背反するものではなく，むしろそれらの目標は同時に達成できるものであると考えられる。したがって，部活動を指導する上で大切なことは，上記2つの目標に整合性をもたせることである。

(2) 指導計画

部活動において指導計画を立案する際に最も重要なことの一つは，目標の設定である。教育的効果の獲得を目指すという目標や競技力の向上を目指すそれに大別されようが，ここでは後者とリスクマネジメントとの関係という観点を中心に論じることとしたい。

競技力の向上を目指すための指導計画とは，設定された目標を達成するために具体的な方法を提示し，それを実践するためのロードマップということができよう。目標の設定に際しては，a)競技者としての最終的な目標，b)中期的な目標（中学校，高等学校修了時等の目標），c)年度目標等，きめ細やかさが必要である。ただし，競技種目間にピークに達する年齢に差異があるため，年齢によって明確に目標を区別することは不可能である。しかしながら，到達目標が指導の段階において異なること，換言すれば長期的な視点に立って指導計画を立案する必要性があるということは，すべての競技種目に共通である。また目標の決定に際して指

導者は，生徒の意思を十分にくみ取ることに配慮し（必ずしも競技力の向上を最優先の事項としていない生徒もいるであろう），お互いに意見交換をしながら達成可能な目標を設定することも肝要である。何故ならば，過大な目標の設定は心身的負担を招き，そのことはオーバートレーニング症候群の発症やオーバーユースに起因する整形外科的な障害を引き起こすリスク要因となるためである。

ところで，実際に指導計画を作成する際には，a)～c)で示した目標の達成を目指すこととなるが，段階的な指導を導入する必要があろう。段階的な指導とは，1つには，技術指導においてやさしい技術の習得から徐々に難しい技術を習得させることであり，他方，一般的には神経系の発達のスピードが骨格や筋肉などの発達に比べると早いといった身体的発達との関連から[5]指導計画を組み立てることである。すなわち，比較的低年齢層では巧緻性や器用さを中心としたトレーニングを行うことを，その後筋力トレーニングを開始するという計画を立案する，ということである。何故ならば，十分に成長していない段階でウェイトトレーニングを導入することは，関節や軟骨等のストレスに弱い部分への悪影響が懸念されるためである。

また，指導対象の特徴を十分に把握し，その情報を指導計画に反映させるということも必要である。具体的には，指導対象の年齢，性格，性別および，そのスポーツに対する習熟度（初心者かある程度の経験者か）を十分に考慮するということである。特に習熟度への考慮を欠いた指導計画は，スポーツへの参加を阻害する要因となるだけではなく，「(5)技量の把握」で詳述する指導対象の技量較差に起因する事故発生リスクともなり，注意が必要である。

(3) 健 康 管 理

地域スポーツクラブにおけるスポーツ実践が盛んなフランスでは，スポーツ活動を楽しむためには，各スポーツ連盟から交付されるスポーツ資格証の所持が義務化されている。また資格証を取得するための条件として，禁忌指示事項の不在を医学検査証が証明することを法律が規定し[6]，スポーツ活動に親しむ者が，その疾患によって，スポーツ活動中の事故に遭遇する可能性の低減を図っている。

一方日本においては，学校保健安全法施行規則が，すべての生徒に対

して健康管理のための具体的措置を講じるように規定している。その検査項目の中でも特に，心疾患の発見を目的とする心電図検査を活用し，部活動への参加の可否を決定することは，潜在的な部活動中の事故発生リスク（心原性の）を低減させる上で有効であろう。しかしながら，我が国においては部活動を行う生徒を対象にした特別なメディカルチェック（血圧測定，尿検査，運動負荷心電図等の医学的な検査を指す）は実施されていない現状にあり，費用負担等の問題はあろうが，定期的（年に1回程度）な実施も検討すべきであろう。

　また日々の練習に際しても指導対象の健康管理のために十分な注意を払う必要があり，そのため指導者は内科的または外科的なケガや病気に対する発生機序を理解し，その発生を防止もしくは重傷へ至らせないための対処を的確に行えるよう，日ごろから研鑽を積むことが求められる。例えば，救急処置としての心肺蘇生法，止血法および，外科的処置であるRICE（Rest：安静，Ice：冷却，Compression：圧迫，Elevation：挙上の4つの処置の頭文字をとったものである）等の応急処置法の習得である[7]。加えて，練習中のケガや障害の予防にもつながることから，練習前に行うウォーミングアップと練習後に行うクーリングダウンは，その重要性を理解させるとともに，正しい実践方法を指導することは必須である。さらに，健康管理という言葉にはコンディショニングという意味も当然含まれるため，栄養摂取に関する正しい知識に関して指導することも重要なポイントである。例えば，5大栄養素（たんぱく質，炭水化物，脂質の3大栄養素に加え，ミネラル，ビタミン）の働きや，各栄養素の摂取量の目安，スポーツ選手としての基本的な食事の取り方等の指導も必要となろう[8]。

(4) 練習内容

　スポーツと一口にいっても陸上競技，球技，水上スポーツ，スキー等，その活動は多種多様であり，実際にスポーツが行われる場所・環境も多様である。また，競技を行う上で必要とされるスキルや体力もそのスポーツによって隔たりがあることから，練習の内容についてそれを一括りにして論じることは困難である。しかしながら，練習の内容を決定する上で，いくつかの共通点が存在することも指摘できよう。

　各競技に比較的共通性の高いものとして指摘できることは，まず，そ

2. 運動部活動の安全指導

の競技に必要とされる技術の向上と体力の強化を目的とした内容とをバランスよく組み入れるとともに，適宜メンタルトレーニングも取り入れ，いわゆる心技体を強化することが網羅された内容の練習であることの必要性である。このことによって，競技力の向上だけではなくケガや病気というリスクへの耐性を高めることができよう。次に指摘できることは，練習環境（天候，季節，場所）に適切に対応した内容であることの重要性である。例えば，暑熱環境下でのスポーツ活動の実施に際しては，練習中に適切な水分補給（運動前の水分補給，適温（5℃～15℃），頻度，組成）の時間を設けることが求められる。これは，熱中症の発生対策であると同時に，パフォーマンスの向上のためにも必要となるためである（体重の3％以上の水分が消失した場合には，パフォーマンスの低減効果をもたらすとの報告もある[9]）。また，近時の最高裁判所（最高裁平成18年3月13日判決，判時1929号41頁）の判決により，落雷の発生が予測される環境下ではすぐに練習・試合を中止し，参加者を安全な場所へ避難させることによって事故を防止する義務が，平均的な指導者にも課されるなどの事例が示す通り，天候・環境の変化には機敏に対応して練習内容に反映させる必要があろう。また，この練習内容の実施に柔軟性をもたせるという視点は，指導対象者の（健康）状態に対応する時にも同様である。確かに事前に準備した練習計画をスムーズに実施することの方が，効率性という意味においては望ましであろうが，往々にして事故の発生につながるオーバーリーチング[10]等を理由として，指導対象のパフォーマンスが減退している場合には，その状況に適応し，練習内容を適切に変更・修正することによって，リスクを事前に摘むことも必要となるためである。

　なお，指導対象の年齢やスポーツに対する習熟度等の指導対象の特徴を十分に考慮し，それらを指導内容に反映させることは，指導計画の立案の際だけではなく，練習の内容を決定し実践させる際にも，先に示した理由から事故発生リスクのマネジメントにつながることを指摘するところである。

(5) 技量の把握

　体力的・技術的に優れた相手と練習・試合を行うことは，効果的な指導方法の1つである。しかしながら，技量格差のある相手との練習・試

合は，部活動中の事故を誘発させる原因ともなることから，指導者は指導対象の技量を的確に把握し，事故発生リスクをマネジメントしなければならない。特に技量格差を原因として発生する事故が重傷事故につながる可能性のある競技，例えば柔道やラグビー等の指導に際しては，体力・技術的技量の格差を見極めたうえで，試合や練習の相手を組み合わせるよう注意が必要である。また，スポーツ事故に起因する民事的責任の有無が争われた判例において「……指導者は……技能，体力等に格段の差があるようなときには，その対戦を取りやめるなどして，両チームの技能，体力に起因する不慮の事故が起こることのないようにすべき注意義務がある」（最高裁昭和58年7月8日判決，判時1098号44頁7ラグビーの判例研究解説，参照）と判示されていることから，その注意を怠った場合には，指導者に責任が発生する可能性があることに留意されたい。

(6) 施設・設備・用具の安全管理

技量格差を的確に把握し，事故が発生しないように適切な指導を施すことと同様，施設・設備・用具の管理不十分を原因とする事故の防止に努めることは，安全に配慮した指導を行う上で重要な一つのポイントである。したがって指導者は，使用する施設・設備の安全性に関して，例えば，その競技を行う上で十分な広さが確保されているか，プールの水深が十分であるか，グラウンドや屋内施設の状態（グラウンドの凹凸や床の破損の有無等）は整っているか，および用具（指導対象者の服装が適当であるかのチェックを含む）の不具合または破損のないこと等の確認を行う必要がある。このような手続きが適正に行われずに事故が発生した場合には，指導者の過失を認める判決も下されているので，注意が必要である。また，最近では上記の安全管理と並んでAED（自動体外式除細動器）の各スポーツ施設への設置についても，確認すべき事項となったといえよう。特に海外（国内）での合宿や試合等，通常とは異なる環境下（高地・遠隔地）では，その地域における救急医療体制やAED設置の確認，および救急処置に必要な備品・薬品の携行といったことも大切である。

【参考文献】
1）文部科学省ホームページを参照（http://www.mext.go.jp/a_menu/shotou/

2. 運動部活動の安全指導

new-cs/youryou/chu/sou.htm）
2 ）レイモン・トマ著（蔵持不三也訳）『スポーツの歴史〔新版〕』（白水社，1993）
3 ）公益財団法人日本オリンピック委員会ホームページを参照
　　（http://www.joc.or.jp/olympism/charter/chapter1/13_17.html）
4 ）内閣府ホームページを参照（http://www.cao.go.jp/others/jinji/kokuminei-yosho/index.html）
5 ）佐藤良男「指導段階（過程）とその設定」財団法人日本体育協会『C 級コーチアスレティックトレーナー教本〔第 10 刷〕』（広研印刷株式会社，2000）498 頁
6 ）フランススポーツ法典 L.231-2 条
7 ）スポーツ指導者が知るべき医学的な知識に関する詳細は，坂本静雄ほか著『スポーツ指導者に必要な医学的知識 I 』財団法人日本体育協会編集『公認スポーツ指導者養成テキスト（共通科目 I ）』（広研印刷株式会社，2005）67 頁以下を参照．
8 ）スポーツと栄養に関する詳細は，樋口満，木村典代，鈴木志保子，田口素子著『スポーツと栄養』前掲注(7)97 頁以下を参照．
9 ）スポーツ活動中の熱中症予防に関する詳細については財団法人日本体育協会監修の『スポーツ活動中の熱中症予防ガイドブック』を参照．
10）トレーニングによるストレスとトレーニング以外のストレスが蓄積した状態で，短期間パフォーマンスの低下を引き起こすもの（リチャード・B・クレイダーほか編著（川原貴監訳）『スポーツのオーバートレーニング』（大修館書店，2001）1 頁）．

第3章
スポーツ事故の現状とメカニズム

① スポーツ事故の発生状況

　日本スポーツ振興センターの学校事故事例検索データベース[1]に掲載されている平成17から23年までの事例4,098件を障害事故と死亡事故に分類すると、障害事故が3,218件、死亡事故が880件であり、障害事故が死亡事故の約3.7倍多く発生している。

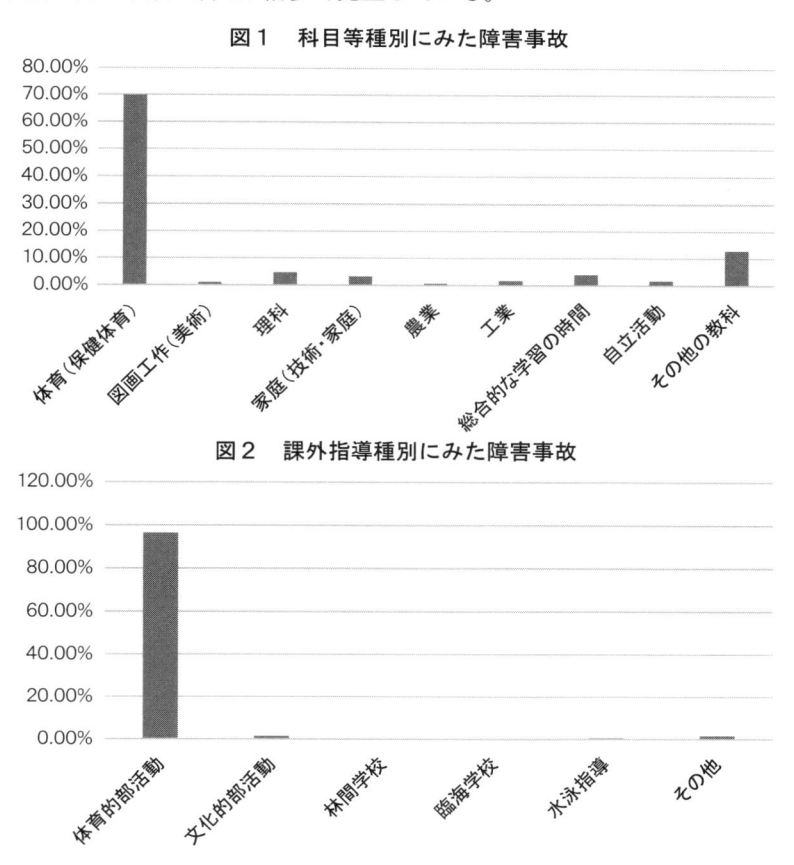

図1　科目等種別にみた障害事故

図2　課外指導種別にみた障害事故

(1) 障害事故の分析・概要

　障害事故を教科等で生じたものに限定して科目等別にみると，555件のうち体育が388件で，約7割 (69.91%) を占める（図1を参照）。また，障害事故を課外指導で生じたものに限定して指導種別にみると，1,088件のうち体育的部活動が1,049件で，ほぼ全体 (96.42%) を占める（図2を参照）。従って，学校事故は体育的活動中に多発しているといえる。

　次に，体育中の障害事故388件を競技種別にみると，上位を占める割合は，サッカー・フットサル12.89%，ソフトボール11.08%，バスケットボール9.79%であった（図3を参照）。また，体育的部活動中の障害

図3　競技種別にみた体育中（保健体育）の障害事故

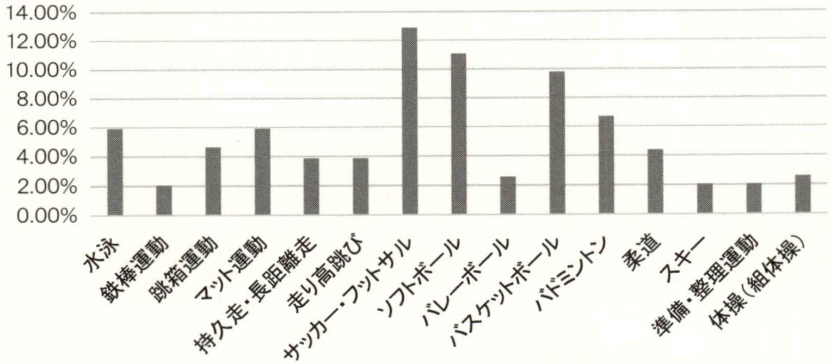

図4　競技種別にみた体育的部活動中の障害事故

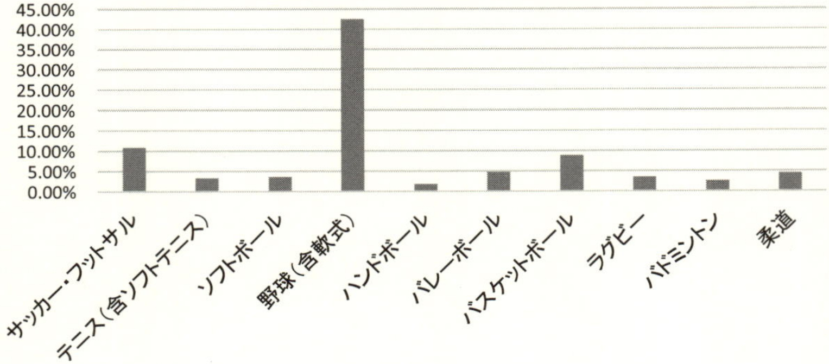

事故1,049件を競技種別にみると、上位を占める割合は、野球（軟式含）42.52%、サッカー・フットサル10.87%、バスケットボール8.87%であった（図4を参照）。従って、サッカー・フットサル、ベースボール型競技、バスケットボール中に障害事故が多発しているといえる。

(2) 障害別

体育中の障害事故388件を障害種別にみると、上位を占める割合は、視力・眼球運動障害26.55%、歯牙障害21.39%、外貌・露出部分の醜状障害13.14%、精神・神経障害12.37%であった。また、体育的部活動中の障害事故1,049件を障害種別にみると、上位を占める割合は、視力・眼球運動障害34.80%、歯牙障害29.65%、精神・神経障害11.53%、外貌・露出部分の醜状障害7.53%であった。従って、視力・眼球運動障害に起因する障害事故が最も多く、次いで歯牙障害、精神・神経障害、外貌・露出部分の醜状障害に起因する障害事故が多発しているといえる。

(3) 死亡・重度の障害事故

死亡事故を教科等で生じたものに限定して科目等別にみると、89件のうち体育が63件と最も多く、約7割（70.79%）を占める。また、この割合は、教科別にみた障害事故における体育の割合（69.91%）に近い。また、死亡事故を課外指導で生じたものに限定して指導種別にみると、150件のうち体育的部活動が134件と最も多く、約9割（89.33%）を占める。従って、学校死亡事故は、体育的活動中に多発しているといえる。

次に、体育中の死亡事故63件を競技種別にみると、上位を占める割合は、持久走・長距離走30.16%、水泳14.29%、短距離走とバスケットボールが共に11.11%であった。また、体育的部活動中の死亡事故134件を競技種目別にみると、上位を占める割合は、柔道15.67%、サッカー・フットサル13.43%、野球（軟式含）11.94%、バスケットボール11.19%であった。

また、体育中の死亡事故63件を死亡種別にみると、上位を占める割合は、心臓系突然死が66.67%と7割近くを占める。次いで溺死11.11%、中枢神経系突然死と大血管系突然死が共に7.94%、頭部外傷3.17%であった。また、体育的部活動中の死亡事故134件を死亡種別にみると、上位を占める割合は、心臓系突然死37.31%、頭部外傷23.13%、熱中症

11.19%，中枢神経系突然死 8.96% であった。

さらに，上述の割合が最も高い競技種目と死亡種目との関係をみると，持久走・長距離走 (19件) は，全て心臓系突然死によるものであった。柔道 (21件) は，12件が頭部外傷，3件が熱中症によるものであった。また，心臓系突然死 (42件) は，18件が持久走・長距離走，7件がバスケットボール，6件が短距離走で生じている。心臓系突然死 (50件) は，10件がバスケットボール，9件がサッカー・フットサル，7件が野球 (軟式含)，6件がテニス (軟式含) で生じている。溺死 (7件) は，全て水泳によるものであった。頭部外傷 (31件) は，16件が柔道，4件がラグビー，3件が野球で生じている。この結果から，持久走・長距離走の事故は心臓系突然死に，柔道の事故は頭部外傷に，水泳の事故は溺死に起因するといった競技種と死亡種との関連性があると考えられる。

(4) 学校種・学年別・男女別

体育中の障害事故 388件を学校種別にみると，小学校 25.52%，中学校 31.0%，高校 39.69%，高専 0.77%，定時制高校 0.52%，特別支援小学校 0.52%，特別支援高校 1.29% であった。また，体育的部活動中の障害事故 1,049件を学校種別にみると，小学校 1.53%，中学校 35.56%，高校 62.06%，高専 0.57%，定時制高校 0.10%，特別支援高校 0.19% であった。従って，学校種が上がるほど障害事故の割合が高くなるといえる。

次に，中学校及び高校における体育中の障害事故を学年別にみると，中学校 (123件) の割合は，1年生 21.14%，2年生 30.89%，3年生 47.97% であった。高校 (154件) の割合は，1年生 27.27%，2年生 31.17%，3年生 41.56% であった。また，中学校及び高校における体育的部活動中の障害事故を学年別にみると，中学校 (373件) の割合は，1年生 34.58%，2年生 44.77%，3年生 20.64% であった。高校 (651件) の割合は，1年生 37.63%，2年生 43.93%，3年生 17.97% であった。従って，体育中の障害事故は学年が上がるほど多発するのに対して，体育的部活動中の障害事故は中高共に 2年生，1年生，3年生の順に多発するといえる。

また，中学校及び高校における体育中の障害事故を男女別にみると，中学校 (123件) の割合は，男子 69.92%，女子 30.08% であった。高校 (154件) の割合は，男子 78.57%，女子 21.43% であった。また，中学校及び

高校における体育的部活動中の障害事故を男女別にみると，中学校（373件）の割合は，男子73.46%，女子26.54%であった。高校（651件）の割合は，男子86.02%，女子13.98%であった。従って，中高共に女子より男子の障害事故が多発するといえる。

さらに，中高における体育中と体育的部活動中の障害事故（1,301件）を障害種別にみると，上位を占める割合は，視力・眼球運動障害33.51%，歯牙障害28.75%，精神・神経障害11.53%であった。これをさらに男女別にみると，男子（1,041件）の割合は，視力・眼球運動障害35.83%，歯牙障害29.01%，精神・神経障害12.01%であった。女子（260件）の割合は，歯牙障害27.69%，視力・眼球運動障害24.23%，外貌・露出部分の醜状障害14.62%であった。従って，障害事故の原因は，男女間で異なることがわかる。

【参考文献】
日本スポーツ振興センターが災害共済給付金を給付した障害・死亡事例は，日本スポーツ振興センター学校安全Webの学校事故事例検索データベースで検索できる。
<http://jpnsport.go.jp/anzen/anzen_school/tabid/822/Default.aspx>
(2013/03/20)

② 起こりやすい障害事故のメカニズムと処置

(1) 打　　撲

(a) 概　　念

正式には打撲挫傷という。体の一部に打撃を受け筋肉などの軟部組織が損傷されるもので骨の損傷はない。損傷の性格から柔道，ラグビーなどのコンタクトスポーツで発生することが多く，相手選手と衝突する，相手選手に蹴られるなどの場合に起こる。下腿前面（いわゆる弁慶の泣き所）などの皮下組織の薄い部位と大腿部など皮下組織の厚い部位では見られる症状がやや異なり，皮下組織の薄い部位では皮下出血による血腫（皮下に局所的に血液が溜まったもの）を形成しやすく，厚い部位では皮下出血は筋肉などの軟部組織に拡散し損傷組織全体が腫れる傾向が見られる。

当たった物が比較的鋭いエッジを持っている場合（テニスのラケットが当たるなど）には筋肉などが皮下で切れることがある。また，このとき皮膚が切れると挫創となり出血するが，これらについてはこの章では触れない。

(b) 症　　状
(i) 腫れ，血腫　　血腫や腫れは打撃により軟部組織にある細い血管が切れることで発生するもので，比較的太い血管が切れた場合には皮下組織が厚い部分でも血腫を形成する。一般に，損傷される血管は毛細血管や静脈が主で，体の比較的深い部分を通過する動脈が損傷されることはまれである。血腫を押してみるとブヨブヨした感触があり中で液体が移動するのがわかる。腫れている部分は中身が詰まっている感じのやや硬い感触がある。

打撲の腫れは受傷直後に損傷部を中心に急激に現れ，見ている間に損傷部が膨らんでくるのが特徴である。その後，時間の経過とともに広がってくるが，中心部の膨らみの高さは徐々に低くなり全体的な腫れと同じになる。

(ii) 痛　　み　　打撲の当初は鋭い痛みがあるが，しばらくするとその痛みは軽減する。その後は，損傷した部位を直接押すと痛みが増えるが，離れた部位からの刺激，例えば大腿部の打撲で踵を叩くなどしても痛みは増えない。また，痛みがあっても損傷した腕や脚が使えなくなることはない。すなわち，下肢の損傷でも損傷部が落ち着けば歩行は可能である。上肢であれば動かすことはできるし，動かしてもひどく痛みが増えることはない。

(iii) 皮下出血斑　　打撲部位に青あざ（以下皮下出血斑という）ができる場合がある。皮下出血斑は受傷直後からみられる場合もあるが，多くは，翌日以降にみられる。とくに皮下組織の厚い部分の打撲ではこの傾向が強く，一般に，損傷部より下方に現れる。皮下出血斑を対象にした治療の必要はなく，放置しても時間の経過とともに最初は紫色に，続いて緑色に，さらに黄色に変わり1週間程度で消える。

(c) 応 急 処 置
打撲の応急処置は先ず冷やすことである。コールドスプレーやアイスパックで損傷した部位を冷やす。冷やすと損傷している血管を収縮させ内出血を少なくできる。また，冷やすことで痛みの感覚が鈍くなり痛み

を軽減することができる。また，弾性包帯などで損傷部を軽く圧迫すると内出血を少なくできる。実際には，最初に損傷部を薄く包帯で巻いてその上にアイスパックを当て，アイスパックごと包帯で固定する。このとき，皮膚に直接アイスパックを触れたままにすると凍傷が起こる危険性があるので，必ず，一度包帯で巻いた上に当てるようにする。

(2) 捻　　挫

(a) 概　　念

捻挫は関節が捻られて起こる関節の損傷である。あらゆるスポーツ活動の場面で発生する最もポピュラーな損傷である。捻挫の本態は関節を包んでいる関節包や関節を作っている骨と骨とをつないでいる靱帯の損傷である。捻挫が起こりやすい関節は足関節と膝関節である。前述のように捻挫では靱帯が切れている場合があり，これらは放置されたり不適切な治療がされたりすると，大きな障害を残すので注意が必要である。

関節運動は一定の方向また一定の範囲を越える運動が制限されている。この制限は主に骨と靱帯が行っていて，これに関節包や筋肉が協力する形態となっている。捻挫は足を踏み返したり膝を捻られたりして前述の制限を超える運動が強く強制されたとき，靱帯や関節包が損傷された場合で骨の損傷を伴わないものである。関節包と靱帯はほとんど一体になっていて，靱帯が損傷された場合には関節包も同時に損傷される。もちろん関節包だけが損傷されるものもあるが，靱帯が単独で損傷される場合は少ない。とくに，膝関節では数種類の靱帯が協働して骨を連結しているので，損傷は複雑な様相を呈する。

捻挫では主に靱帯が強く引っ張られることから，その付着部で骨を引き剥がす裂離骨折を伴う場合があるので注意が必要である。

(b) 症　　状

（i）腫れ，関節血腫　　関節血腫は損傷された関節包に分布している細い血管が切れることで発生するもので，出血した血液は関節包が袋状になっているのでその中に貯まり関節血腫が形成される。関節血腫は打撲の血腫と同様に押してみ

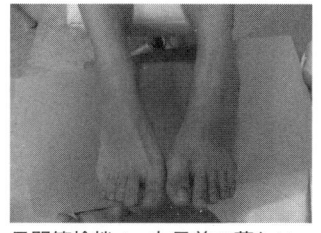

足関節捻挫 1。左足首の著しい腫脹

るとブヨブヨした感触があり中で液体が移動するのがわかる。捻挫の腫れは関節包などの損傷で起こった皮下出血の血液が，関節包の中ではなく周辺の軟部組織に拡散したもので，最初は損傷部を中心に出現し時間の経過に従って関節全体に及ぶ。この腫れは打撲の腫れと異なり，中心部の急激な膨らみをみることは少なく全体的に徐々に腫れてきて，24時間程度経過するとピークに達する。

(ii) 痛　み　捻挫も当初は鋭い痛みがあるが，しばらくすると持続性の鈍痛に変わる。捻挫の痛みの特徴は捻挫を起こした形，例えば足を内側に踏み返して受傷した場合に同じ形になるように足関節を内側に捻る（以下受傷肢位という）と痛みが増えることである。当然，損傷した靱帯や関節包の部位を直接押すと痛みが増えるが，離れた部位からの刺激，例えば足関節捻挫で足の指を動かすなどしても痛みは増えない。また，高度な損傷でなければ足関節の捻挫で痛みがあっても軽く足を着くことは可能で，全く使えなくなることはない。

(iii) 関節の不安定性　捻挫で高度な靱帯断裂があると関節の不安定性がみられる。受傷者の訴えは関節がぐらぐらする，力が入らないなどである。とくに膝内側の損傷で起こりやすく膝を外側に曲げる力を加えると，力に従って膝関節が外側に曲がる。受傷直後に足を着き体重をかけようとすると膝がガクッと曲がってしまうような症状は重傷で，膝関節にあるいくつかの靱帯が同時に損傷されている場合が多いので注意が必要である。当然，前述の腫れや痛みも高度である。

(iv) 皮下出血斑　一般に，捻挫の皮下出血斑は受傷直後にみられることは少なく，翌日以降に損傷部の下方でみられる。捻挫で皮下出血斑がみられるものは靱帯や関節包の損傷が高度であると考えなければならない。

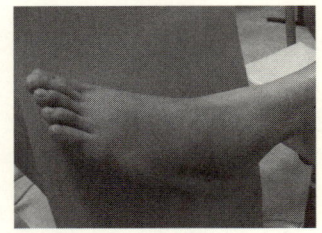

足関節捻挫 2。外くるぶし下方の皮下出血斑

(c) 応急処置

捻挫の応急処置も先ず冷やすことである。コールドスプレーやアイスパックで損傷した部位を冷やす。この冷却で内出血を少なくでき，痛みを軽減することができる。また，弾性包帯などで損傷関節を軽く圧迫する。この場合も皮膚に直接アイスパックが触れないように注意する。

痛みが強い場合には関節を固定する。痛みの項で述べたように，捻挫を起こした肢位にすると痛みが増えるので，固定は受傷肢位にならないようにする。手に入る細長い板などを損傷した関節の内側と外側に当て包帯で固定する。このとき，板が直接皮膚に当たらないように脱脂綿などで広く損傷した関節を覆い，その上に板を当て固定するとよい。また，高度な損傷が疑われるときは，損傷した腕や脚を心臓より高い位置に置くように工夫するとよい。

(3) 肉離れ

(a) 概念

筋肉が強く引っ張られて起こる筋肉の損傷である。多くは，大腿部と下腿の後面で発生する。陸上競技中の受傷が多く，サッカー，ラグビーなどの走ることが主体になるスポーツでも起こる。肉離れには筋肉や筋肉の端にある腱が切れて起こる断裂と筋肉と筋肉との間に歪みが生じて起こるものとがある。以下は歪みによる損傷について述べる。大腿部の前面や下腿部の後面には比較的大きな筋肉が重なって存在し，二つの筋肉がほとんど同じ働きをしている。重なっている筋肉は全体の長さは異なるが，関節を動かすところでは同じ長さだけ縮まなければならない。このことから，筋肉が重なっている部分ではそれぞれの筋肉で縮む割合が異なる。筋肉の柔軟性が失われた状態でこの収縮が急激に起こると，重なった部分に歪みが生じ損傷が起こる。これが，肉離れの一つである。

肉離れはオフシーズンが終わりオンシーズンに入るときの，体が十分スポーツに耐えられる状態になっていないときに急に運動すると起こりやすい。また，オンシーズンでも運動開始前の十分なストレッチおよびウォーミングアップを怠った場合にも起こりやすい。

(b) 症状

(i) 腫れ，血腫　肉離れの損傷直後では損傷筋全体が硬くなることが特徴的にみられる。損傷されていない側と比べると筋肉のボリュームが大きく，硬く全体の柔軟性が失われているのを触れる。

肉離れの腫れは深い位置での内出血に伴うもので，一般に外観上の特徴的な変化はみられない。また，急激な腫れはみられず，時間の経過とともに出現し損傷筋全体に及ぶ。血腫を形成したものでも深い位置で形成されるので，ブヨブヨした感触や液体が移動する感触は触れにくい。

(ii) 痛　　み　　受傷直後に鋭い痛みがあり，痛みはなかなか軽減しない。損傷した脚に体重をかけると鋭い痛みが再現する。肉離れの痛みの特徴は損傷した筋肉が引っ張られると強い痛みが起こることで，大腿部前面の肉離れでは膝を曲げる動作で，下腿部後面では足関節を起こす動作で耐えられない痛みが起こる。また，損傷されている部分を押すと痛みが強くなるが，打撲の場合と異なり押して痛い部分は損傷部に限局せずやや広い範囲でみられる。

(iii) 歩行障害　　軽く体重をかけた歩行は可能だが，足を交互に前に出して歩く普通の歩行はできない。下腿後面の損傷では損傷した側の脚を損傷していない側の脚の後ろにすることができず，常に損傷した側の足を前に出し，損傷していない側の足の爪先を前の足の踵より後ろまでしか運べない（継ぎ足歩行）。

(iv) 皮下出血斑　　肉離れの皮下出血斑が受傷直後にみられることはなく，翌日以降に損傷部の下方でみられる。肉離れで皮下出血斑がみられるものは筋断裂など損傷が高度であると考えなければならない。

(c) 応急処置

肉離れの応急処置も先ず冷やすことである。コールドスプレーやアイスパックで損傷した部位を冷やす。この冷却で内出血を少なくでき，痛みを軽減することができる。また，弾性包帯などで損傷関節を軽く圧迫する。この場合も皮膚に直接アイスパックが触れないように注意する。また，痛みが強い場合には伸縮性のテープをやや引き延ばし，筋肉が収縮した状態の上に貼ると痛みが軽減できる。長期的な治療では損傷された筋が引き延ばされる肢位で固定する。

また，肉離れを放置し運動を続けると，筋肉内に骨が形成（骨化性筋炎）される原因となり難治性となるので注意が必要である。

(4) 脱　　臼

(a) 概　　念

関節を構成する向かい合った骨どうしの位置関係が，正常な状態でなくなったものが脱臼である。この内，スポーツ活動中のケガなどで起こったものが外傷性脱臼で，単に「〇〇脱臼」という場合はこれを指す。脱臼の多くは腕（上肢）にある関節で起こり，肩関節（肩甲上腕関節，肩甲骨と上腕骨で作る関節）脱臼が人体中で最も起こりやすい脱臼といわれ

ていて，柔道，スキー，野球など多くのスポーツ活動でみられる。また，肘関節脱臼，肩鎖関節脱臼などスポーツ活動中の転倒が原因となって起こるもの，指関節脱臼などボールを使う競技や空手などで特徴的にみられるものもある。脱臼では受傷後，直ちに耐え難い痛みに見舞われることや受傷した関節が使えなくなる（機能障害という）など明確な障害が起こるので発見が遅れたり，放置され障害を残したりすることは極めて少ない。脱臼をレントゲン写真でみると，2つの骨が全く向かい合っていない完全脱臼と，一部分向かい合ったままでいる不完全脱臼とがある。腕や脚にある関節の多くでは関節の形状から完全脱臼の形をとる場合が多く，単に「〇〇脱臼」という場合は外傷性の完全脱臼を指す。

とくに，指関節脱臼で受傷者が自身で引っ張るなどして整復すると予後が悪いとする俗説がある。これは，素人が脱臼は整復されると治ったと判断して放置する結果起こることを戒めたもので，整復後，医療機関を受診し適切な治療を受ければ大きな問題にはならない。

(b) 症　　状
(i) **関節の変形**　脱臼した関節を反対側の関節と比べて見ると異常な形をしている。最も多くみられる肩関節脱臼では，肩の丸みが失われていて肩甲骨の一部（肩峰という）が外側に突出している。肩鎖関節脱臼では鎖骨の外側端が浮き上がり，肩の上方が階段状に変形している。指関節脱臼では脱臼した関節がクランク状に曲がっている。これらの変形がみられる場合は関節を作る2つの骨の位置が完全にずれていることが示唆され，完全脱臼が考えられる。

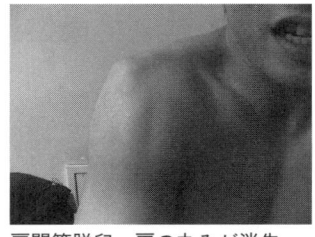

肩関節脱臼。肩の丸みが消失

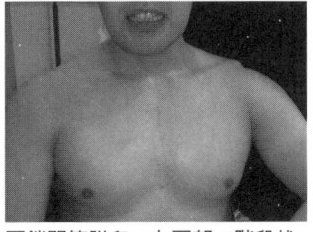

(ii) **機能障害**　脱臼が起こると直ちに受傷した関節は使えなくなる。脱臼した関節を自分の力では動かせなくなるからである。肩関節の脱臼では上腕部が体側から軽く離れた位置で，腕を上げることも体側に付けることもできなくなる。また，無理に動かそうとするわずかに動

肩鎖関節脱臼。左肩部の階段状変形

くが，動かそうとする力をなくせば元の位置に戻ってしまう（弾発性固定という）。肘関節の脱臼では，肘が軽く曲がった位置での弾発性固定がみられる。指関節脱臼の弾発性固定は比較的弱いと言われているが，それでも，自分の力（脱臼した指の力だけ）で関節を動かすことはできない。

(iii) **痛　　み**　脱臼の痛みも捻挫の痛みに似ていて，当初は鋭い痛みがあるが，しばらくすると持続性の圧迫感のある強い鈍痛に変わる。しかし，この鈍痛は捻挫に比べはるかに強く耐え難く，脱臼が整復されるまで軽減することはない（数日以上放置されたものでは徐々に軽減してくる）。整復されると痛みは劇的に軽快し，脱臼が正しく整復されたかどうかは受傷者自身で判断できる。

脱臼している腕や脚を無理矢理に外から力を加えて動かそうとすると痛みが強くなり耐え難いが，前述の弾発性固定はこのことが原因で起こり，弾発性固定の形（肢位という）は受傷者の痛みが最も少ない位置だと考えられている。

(iv) **腫れ，関節血腫**　脱臼では関節包が引き裂け，できた裂孔から一方の骨が関節外に出る。損傷された関節包や周辺の軟部組織から皮下出血が起こり腫れや関節血を形成する。しかし，形成のスピードは打撲や次ぎに述べる骨折に比べ遅く，受傷直後であれば(i)で述べた関節の変形を観察する障害とはならない。脱臼の腫れや関節血腫は放置されると問題となり，高度に形成されたものは損傷の判断を誤る原因となる。

脱臼の腫れは関節包や靱帯の損傷である捻挫に比べると，一般的に高度であり，捻挫の腫れが損傷された側に偏る傾向にあるのに対して，関節全体に及ぶことが特徴である。

(c) **応　急　処　置**

確実に脱臼だと判断できた場合には，経験のある人が，受傷者の苦痛を軽減する目的で，徒手的（手術をしないで）に整復することも一法だと考えられる。しかし，脱臼には同時に関節周辺にある末梢神経や比較的太い血管を損傷していることや，関節を作っている骨の骨折（合併症という）を伴う場合が珍しくない。このことを考慮しないで徒手整復を行うと，損傷を高度化させることがあるので，これらがないことが確定しない時点での整復は行うべきでない。

前述のように，脱臼の痛みは整復されないかぎり軽減しないので，こ

の場合の固定はほとんど意味がない。受傷部位が腕の場合には三角巾で吊る程度にとどめ，脚の場合には移送による動揺が起こらないように工夫して，早急に医療機関に移送する。この際にコールドスプレーやアイスパックで損傷した部位を冷やすことは内出血を少なくでき，痛みを軽減するので有効である。もちろん，アイスパックを使う場合は皮膚に直接触れないように注意する。

(5) 骨　　折

(a) 概　　念

　１本または１個の骨の連続性が失われ，２つ以上になったものが骨折である。このうち，ケガなど外から働いた力で起こったものが外傷性骨折で，単に「〇〇骨折」という場合はこれを指す。骨折は，あらゆるスポーツ活動の場面で起こりうる損傷で，転倒して手を衝き発生する手関節付近の骨折，肩を衝き発生する鎖骨骨折，スキー滑走中に転倒して発生する下腿部の骨折などが比較的多い骨折である。野球などの投球動作で上腕部が骨折する，投球骨折と言われる特殊な骨折もある。骨折には，損傷部の連続性が完全に断たれた完全骨折と，一部が残っている不完全骨折とがあり，損傷部にみられる症状や治療法が大きく異なる。不完全骨折は，少年期までの受傷者に多くみられる。単に「〇〇骨折」という場合は，外傷性であることに加えて，完全骨折であることを指す。骨折では受傷後，直ちに意識を失うほどの耐え難い痛みに見舞われるが，この痛みは若年者ほど強く，高齢者では比較的軽いことが多い。時間が経過すると，受傷部を動かさなければ著しく軽減するのが骨折の痛みの特徴で，骨折部を固定することは，患者の苦痛を和らげるのに有効である。また，完全骨折した腕や脚は使うことができないが，不完全骨折では，受傷者が骨折と気付かず使っている場合があり，注意が必要である。

(b) 症　　状

(i) **骨折部の変形**　　骨折部が上腕部，前腕部，大腿部，下腿部などのように比較的長い骨（長骨という）で構成されている場所の中間部の場合，本来，曲がらない部位が曲がっているのが観察されることがあるが，骨折部で骨折した骨が，ずれた結果である。これは，骨折がなければ起こらない現象で，骨折が確定する。しかし，関節付近の骨折，扁平な骨や塊の骨の骨折では，この現象をみることは少ない。また，長骨の

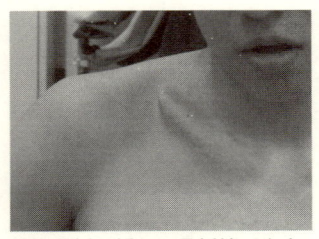

鎖骨骨折。折れた骨折端が突出している

骨折でも不完全骨折ではみられない。

(ii) **機能障害**　完全骨折が起こると直ちに腕や脚など骨折している部位を使えなくなる。不完全骨折では痛みを我慢すれば，ある程度，動かすことができて，時により脚の不全骨折でも歩くことができる場合もある。長骨中間部の完全骨折では腕や脚を動かそうとすると骨折部が関節のように動いたり，関節に近い部分の骨折では関節が本来動かない方向に動いたりする（異常可動性という）。異常可動性は完全骨折以外ではみられず，この現象がみられれば完全骨折が確定する。しかし，この現象を外から力を加えて調べることは受傷者に多大な苦痛を強いるので行ってはならない。あくまでも，受傷者が行う動作の中で起こったものを観察する。

(iii) **痛み**　骨折では当初，気を失うほどの強い痛みがあるが，しばらくすると耐えられないほどの痛みはかなり軽減する。骨折の痛みの特徴は，骨折部を直接圧迫すると鋭いと痛みがみられる（限局性圧痛という）こと，安静にすると比較的痛みが軽いが損傷がある腕や脚を動かすと強い痛みがある（動揺痛という）こと，骨折部から離れた部位に刺激を加えると骨折部に痛みが出現する（介達痛という）などである。

不全骨折でも，限局性圧痛や介達痛はみられるので，骨折があるかどうかの判断には有効である。脚の不全骨折で歩行が可能な場には，歩行時に骨折部に強い痛みがみられる。

(iv) **腫れ，血腫**　完全骨折の腫れは急激に出現し高度になる。これは，皮下出血を起こす組織が骨および骨折部周辺の軟部組織の両方であるためと考えられる。皮下の浅い位置にある骨の骨折では，しばしば見ている間に膨らんでくるのが観察される。厚い皮下組織に囲まれている骨の骨折では，前記の現象を観察することはまれだが，損傷部を中心とした高度な腫れがみられる。出現が急激であることから，骨折部には血腫が形成されていると思われるが，打撲でみられる血腫や捻挫でみられる関節血腫のようにブヨブヨした感触を触れることはない。血腫は時間の経過とともに周辺組織に拡散し高度な腫れを形成する。

不全骨折の場合の腫れは，完全骨折に比べ，骨からの出血が格段に少

ないことが考えられ，完全骨折に比べると比較的軽度である。年少児の不全骨折では腫れが出現する前に，骨折骨を囲む軟部組織の硬化がみられ，損傷していない側に比べ，軟部組織に硬い感触があることで骨折を疑う場合がある。

(c) 応急処置

骨折の応急処置では受傷者の苦痛を軽減する目的で，骨折部を挟む両側の関節を含めた比較的広い範囲の固定を行うことが有効である。固定することで骨折部の動揺を防ぎ骨折部周辺にある末梢神経や比較的太い血管の二次的損傷を予防できる。しかし，不適切な固定（包帯をきつく締めすぎるなど）はかえって二次的損傷の原因となることもあるので注意が必要である。骨折の場合，(iii)で述べたように安静にすることで痛みは格段に軽減するので，応急処置では積極的に固定するべきである。上肢の骨折の場合には前記の固定をしたうえで，三角巾で吊るなどする。

医療機関に移送する際には，固定の上からアイスパックで損傷した部位を冷やすことも内出血を少なくでき，痛みを軽減するので有効である。

(6) 突 然 死

(a) 突然死とは

突然死は，わが国では「発症より24時間以内の内因性の死亡」と定義されことが多い。一方，米国では「心臓血管系疾患を原因として，突然予期せずに起きる死亡で，症状発現より1〜12時間以内に意識消失を伴う」と心血管系に焦点をあてて定義されることが一般的である。いずれも医学的立場からの定義であるが，本稿では現場での理解しやすさを優先させ「外傷によらない突然の予期せぬ死亡」と簡単に定義する。

(b) どのような場面で起こるか？：スポーツにおける突然死の実態

学校管理下の事故に関して独立行政法人日本スポーツ振興センターが行った調査では，若年者の突然死はここ10年間で年間10万人当たり0.25〜0.89人であり，これらの60％から70％がスポーツに関連して運動中あるいは運動後のものであった（独立行政法人日本スポーツ振興センター：学校における突然死予防必携．独立行政法人日本スポーツ振興センター学校安全部，2011）。一方，米国ではスポーツ参加後から1時間以内に生じた心臓を原因とした突然死は年間10万人当たり0.1〜0.5件で（Basilico, F.: Cardiovascular disease in athletes. Am. J. Sports Med. 27:

108-121,1999)，特に高校生を対象にした調査では年間10万に0.46件と報告されている（Maron, B.J., et al: Prevalence of sudden cardiac death during competitive sports activities in Minnesota high school athletes. J. Am. Coll. Cardiol. 32: 1881-1884, 1998）。これらの頻度はわが国のスポーツ振興センターが報告した頻度とほぼ同程度であり，そこで，スポーツにおける突然死のおよその頻度は両国とも10万人当たり1件は超えない程度と考えることができる。

それではどのようなスポーツに突然死は多いのだろうか。先のスポーツ振興センターの調査ではスポーツ種目としてはランニングが37%と最も多く，ついでバスケットボール，野球，サッカーとなっている（独立行政法人日本スポーツ振興センター『学校における突然死予防必携』独立行政法人日本スポーツ振興センター学校安全部，2011）。一方米国の大学生のアスリートを対象とした調査では，バスケットボール，アメリカンフットボール，水泳の順に多く，40歳以下のスポーツ選手を対象とした調査ではバスケットボールなどのボールゲームが半数以上を占めている（Kimberly, G. et al.: Incidence of sudden cardiac death in National Collegiate Athletic Association athletes. Circulation 123: 1594-1600, 2011）。

対象が異なり競技人口や運動の質も異なるので両国の原因スポーツの違いを論ずることは無意味である。ここで強調したいことは，スポーツにおける突然死は，頻度はさほど高くないが，どのようなスポーツでも起こりうること，そしてスポーツ中だけでなくスポーツ後でも，いつでも起こりうること，という点である。そして，ひとたび起こると，社会的な反響が大きく，学校管理下では当事者の安全対策や法的責任が厳しく問われることになる。

(c) どういう病態なのか

突然死の原因は心臓血管系に関連したものが最も多い。たとえば米国の大学生アスリートを対象とした調査では内因性突然死の半数以上は心臓血管系が原因であり（Kimberly, G. et al.: Incidence of sudden cardiac death in National Collegiate Athletic Association athletes. Circulation 123: 1594-1600, 2011），35歳未満の若年アスリートを対象とした別の調査では94.5%が心臓関連であった（Maron, B.J.: Sudden death in young athletes. N. Engl.J. Med. 349: 1064-1075, 2003）。

これらの背景には心臓に基礎疾患があることがほとんどである。ス

ポーツ時は交感神経系が活発になり，それによって心拍数は増加し末梢血管は収縮して血圧は上昇し，結果心臓に負荷がかかる．心臓に基礎疾患があるとこのような状態が引き金となって突然死が誘発されると考えられる．

背景となる心臓の基礎疾患として，肥大性心筋症と冠動脈奇形が代表的である．肥大性心筋症は家族性にみられるもので，心筋が非対称に異常肥厚し心筋細胞の配列が乱れている．この乱れのために不整脈が起きやすく，スポーツによって致死性の不整脈が誘発されるものと思われる．また冠動脈奇形は心臓を取り巻く冠動脈の位置が正常とは異なるもので，このために運動時に十分に冠動脈に血流を送ることができなくなり，心筋の虚血をきたすと考えられる．

一方，若年者では基礎疾患がなくても前胸部に鈍的な衝撃が加わることで致死性の不整脈（心室細動）をきたすことがある．心臓震盪と呼ばれる病態で，野球のボールがあたるなどさほど強くない外力で起こることが多い．Maron の報告では若年アスリートの突然死の原因として肥大性心筋症に次いで多くみられる（*Maron, B.J.: Sudden death in young athletes. N. Engl.J. Med. 349: 1064-1075, 2003*）．また国内のスポーツによる心臓震盪30例をみると，13〜15歳が12例とピークで，原因としては球技が21例で最も多く，その他には柔道の投げ技による背部打撲3例，空手などの拳によるもの3例などがみられた（輿水健治「心臓震盪による突然死の現状と対策」臨床スポーツ医学 29: 169-174頁，2012）．若年者では突然死の原因の1つとして胸背部の打撲の危険性を念頭に入れておく必要がある．

(d) 予　防

予防することが突然死対策の基本である．原因となる基礎疾患の多くは，遺伝性で，予兆となる症状や心電図での異常所見を有していることが多い．そこで競技前に適切な問診・検査を行う，いわゆるメディカルチェックが有用である．

また，わが国では学校心臓検診という制度があり，安静時の心電図検査が小中高の1年生全員に義務化されている．そこでこの制度に競技参加前のメディカルチェックを連携させることがより予防効果をあげるものと思われる．

(e) どのような処置をすればよいか：具体的な方法

第Ⅰ部　第3章　スポーツ事故の現状とメカニズム

　突然倒れて意識がない場合，救急隊が来るまで現場で行う一連の手順をBasic Life Support (BLS) という。BLSはたびたび改訂されるので，最新のBSL（2010年）の手順を示す。
　① まず声をかける!!
　肩を軽くたたきながら大声で呼びかけて，なんらかのしぐさや反応がなければ「反応なし」と判断する。
　② 「反応なし」と判断したらその場で大声で周囲に注意を喚起する
　周囲に119番通報を依頼し，AED（自動体外式除細動器：automated external defibrillator）の手配を依頼する。
　③ 呼吸の有無をみる
　詳しくはバイタルサインチェックである。バイタルサインとは脈拍・呼吸・血圧・体温の総称で，日本語に訳すと「生命徴候」すなわち「その人が生きている証」となる。ただし現場では血圧や体温測定は不要であり，脈拍の有無についても一般レベルでは不要とされる。ここでの最重要項目は呼吸の有無をみることである。これには胸と腹の動きに集中する。ただしこの確認に10秒以上はかけない。胸や腹が動いていない，あるいは「しゃくりあげるような不規則な呼吸（死戦期呼吸：心肺停止直後にしばしばみられる）」では，「呼吸なし」と判断する。
　④ 「呼吸なし」では速やかに心肺蘇生（CPR）を行う
　心臓の機能と，呼吸が停止してしまった状態を「心肺停止」といい，それを何とかすることが心肺蘇生（Cardiopulmonary Resuscitation: CPR）である。
　ポイントは，1) とにかく絶え間なく胸骨の圧迫（心臓マッサージ）を続けること，2) 小児と大人の区別をなるべくなくしていくこと，の2点である。とくに大事なのは絶え間ない胸骨圧迫であり，それによって循環血液量を保つことができる。
　胸骨圧迫に際しては，胸の真ん中を，成人では少なくとも5cm胸骨が沈むまで強く圧迫，小児では胸郭の前後径の約1/3まで圧迫する。圧迫は成人に対しては両手で行い，小児では片手で行ってもよい。圧迫のテンポは100/分である。これは歌謡曲の「世界に一つだけの花」やアニメソングの「アンパンマンマーチ」が相当する。
　人工呼吸が可能な状況なら，胸骨圧迫30回に2回の割合で人工呼吸を行う。気道は頭部を後屈させ顎先を拳上させるようにして確保する。

⑤ AEDが到着したら装着して速やかにAEDを開始する。
⑥ 呼吸や意識が戻るまで絶え間なくCPRを続ける。
⑦ 呼吸や意識が戻ったら，回復体位をとらせ救急隊の到着をまつ。
回復体位とは側臥位で上になる手足を曲げてややうつ伏せ気味にする体位で，気道の確保と吐瀉物が詰まらないようにするためのものである。
⑧ 呼吸や意識が戻らなかったら，到着まで絶え間なくCPRを続ける。
(f) AEDについて
AED（自動体外式除細動器：automated external defibrillator）は，心室細動を電気ショックで取り除く機器である。心室細動とは不整脈の1つで，心臓の筋肉が小刻みに震えてしまい心臓のポンプ機能を果たせず，脳や身体に血液を送り出すことが出来なくなる状態であり，AEDによって心臓に電気ショックを与え，元のリズムに戻すことができる。

従来は医療従事者にのみ使用が許可されていたが，2004年7月より一般市民でも使用が可能になり，駅・学校・電車内など，さまざまな公共施設にみられるようになった。

操作方法は簡単である。誰でも使いやすいように，蓋を開けると自動的に電源が入り，音声で使用方法を案内してくれるので，それにしたがって操作すればよい。

AED使用には以下の3つの条件がある。①意識がない，②呼吸をしていない，③1歳以上である。しかしこれも音声案内してくれるので，とにかくまずチャレンジすることが重要である。

(7) 頭部外傷

(a) どのような場面で起こるか？
スポーツのあらゆる場面で起こりえる。ただし野球のボールやバットなど，競技の性質上偶発的にあたる場合，体操やトランポリンなど通常は頭部に外力はかからないがその危険性がある場合，ラグビー，アメリカンフットボール，柔道，ボクシングなど頭部に外力がかかることを前提とした場合，といったように頭部外傷の頻度はスポーツによって異なる。特に3つめは競技の性質上，頭部への負荷が繰り返しかかっていることに注意せねばならない。

(b) どういう形態なのか
頭部はいちばん外側にクッションとなる「頭皮」，その下に「頭蓋骨」

があり，この2つで脳を外力から守っている。また頭蓋骨の直下にはそれを裏打ちするように「硬膜」という硬い膜があり，その硬膜をさらに内側から裏打ちするように「くも膜」がある。脳自体は「軟膜」という薄い膜に被われる。くも膜と軟膜の間には「くも膜下腔」と呼ばれるスペースがあり「脳脊髄液」という液体が循環している。したがって脳は固い容器の中で液体中に浮いた状態になっている。また硬膜内には「静脈洞」と呼ばれる脳からの静脈血や循環する脳脊髄液が流し出すいわゆる排出路があり，脳からこの静脈洞に入る静脈を「架橋静脈」という。

　さて，外力が小さいと骨や頭蓋内に障害が及ばずに頭部の皮膚や筋肉のみが障害される（頭部挫創，あるいは"たんこぶ"といわれる皮下血腫）。しかし外力が大きくなるに従い頭蓋骨や顔面の骨に骨折が生じ（頭蓋骨骨折），そして頭蓋内の脳に損傷が生じる（脳損傷）。

　脳損傷は，損傷範囲によってさらに局所性とびまん性に分類される。局所性脳損傷とは，ある程度限局した脳の損傷で，外力によってその部位の脳組織が損傷される脳挫傷（直接損傷）と，頭蓋内に血腫が生じてそれによって周囲の脳組織が圧迫されて障害が生じる頭蓋内出血がある。さらに頭蓋内血腫は，頭蓋骨の骨折に伴って骨と硬膜の間で出血による硬膜外血腫，架橋静脈が切れることで硬膜下出血する硬膜下血腫，脳挫傷に伴う脳内血腫，に分類される。

　この中で特に重要なのは（急性）硬膜下血腫である。脳は脳脊髄液の中で浮いているので，頭が振られることで脳実質が液体のなかで移動する。その結果頭蓋骨と脳の動きに位相差が生じ，脳と硬膜内の静脈洞を結ぶ架橋静脈が切れてしまい，硬膜下に出血が生じて血腫ができるのである。スポーツにおける頭部外傷の死亡事故のほとんどはこの急性硬膜下血腫が占める。

　このような頭が振られる（回転加速度）ことが原因で重大な損傷をきたす病態を加速損傷と表現することもある。乳児ではただ頭がゆすぶられただけで生じるとされるゆさぶられっこ症候群（shaken baby syndrome）が有名であるが，これは狭義の加速損傷である。ただしスポーツではこのような，ただゆすられただけで生じる病態は考えられない。あくまで頭部打撲によって架橋静脈が切れて硬膜下血腫が生じるのであり，広義の加速損傷ととらえるべきである。

　一方びまん性脳損傷は，打撲によって脳全体に広汎に生じる障害であ

る。脳震盪は軽度のびまん性脳損傷の1つで，意識が消失する状態だけでなく，ボーッとしたり試合前後のことを覚えていないなどを含む。

この脳震盪に関連して，1回目の受傷で脳震盪症状を呈している間に，2回目の頭部外傷が加わると，致死的な脳外傷を呈する場合があり，これをセカンドインパクトシンドローム（症候群）second impact syndrome という。上述したラグビーや柔道など頭部に外力がかかることを前提としたスポーツではとくに注意が必要である。

(c) どのような処置をすればいいのか

実際には眼前の頭部外傷が上述の分類のどれに属するのか，場合分けはあまり意味をもたない。教育の現場では，状況からどの程度の外力がどのように加わったのかを考え，脳損傷の可能性を常に念頭に入れておくこと，そして頭部の皮膚は厚いしっかりした組織であるので頭皮に問題がなくても骨折や脳損傷が生じえるので，見た目だけで重症度を判断してはならないこと，が重要となる。

① 意識レベルのチェック

脳損傷の判断には意識レベルの低下の有無が1つの目安になる。意識レベルの低下があれば，たとえそれが一時的で回復しても，必ず脳損傷を伴っていると考えてよい。

したがってまず意識レベル，およびバイタルをチェックする（突然死の項，参照）。

② JCS法

意識レベルを表す方法としては，JCS (Japan Coma Scale)：通称3-3-9度方式とGCM (Glasgow Coma Scale)：グラスゴーコーマスケールがあるが，現場ではJCS方式が簡便で有用である。

このJCS方式はまず開眼の状況（覚醒の様子）によって大きく以下の3段階に分ける。

Ⅰ．声掛けなどの刺激がなくても開眼している（1桁）
Ⅱ．声掛けなどの刺激で開眼する（2桁）
Ⅲ．刺激しても開眼しない（3桁）

それぞれをさらに3段階に分け，1〜300として表現する（表1）。

第Ⅰ部 第3章 スポーツ事故の現状とメカニズム

表1 Japan Coma Scale による意識障害の分類

Ⅰ．刺激しないでも覚醒している状態（1桁で表現）
 1．大体意識清明だが，今ひとつはっきりしない
 2．見当識障害がある
 3．自分の名前，生年月日をいえない
Ⅱ．刺激すると覚醒する状態―刺激をやめると眠り込む（2桁で表現）
 10．ふつうの呼びかけで容易に開眼する
 20．大きな声または体を揺さぶることで開眼する
 30．痛み刺激を加えつつ呼びかけを繰り返すとかろうじて開眼する
Ⅲ．刺激をしても覚醒しない状態（3桁で表現）
 100．痛み刺激に対し，はらいのけるような動作をする
 200．痛み刺激で少し手足を動かしたり，顔をしかめる
 300．痛み刺激に反応しない

③ 意識レベルチェック後の処置

意識レベルの低下がすこしでもみられるなら，安静をとらせて気道を確保し，躊躇なく病院搬送する。

（i）では意識レベルが低下したがすぐに回復した場合はどうするか？脳震盪はこれに当てはまる。この場合も躊躇せず病院搬送する。脳震盪は必ず脳損傷を伴うからで，競技に復帰させてはならない。特に second impact syndrome が生じると死亡率が急に高くなる。脳震盪を軽く考えてはいけないのである。柔道選手1,443名を対象としたアンケート調査では，脳震盪の経験が515名にあるが，脳震盪後に病院を受診したのはそのうちわずか123名（23.9％）で，453名（88.0％）は受傷当日か翌日に柔道を再開していた。また同時に行われた指導者への調査では，脳震盪について医学的な話を聞いたことがないが70.0％，second impact syndrome を知らないが92.4％で，指導者の知識不足が目立った（宮崎誠司「スポーツ現場における脳震盪の頻度と対応　柔道」臨床スポーツ医学 27: 303-308頁，2010）。繰り返すが競技に復帰させてはならない。脳震盪を軽く考えてはいけない。

（ii）それでは大きな外力を頭部に受けたと思われるが意識レベルの低下がない場合はどうするか？

この場合もやはり躊躇せず病院に搬送せねばならない。急性頭蓋内出

血の可能性があるからである。急性頭蓋内出血では血腫が小さいうちは無症状である。しかし大きくなってくると吐き気や頭痛を訴えるようになり、生命に危険を及ぼすことになる。特に急性硬膜下血腫は死亡率が50％以上で、緊急の血腫除去手術が必要になる。2006年に行われたスポーツにおける頭部外傷のアンケート調査では、死亡事故のほとんどが急性硬膜下血腫であった（谷諭ほか「スポーツにおける頭部外傷（頻度、分類、特殊性など」臨床スポーツ医学25: 309-312頁、2008）。また日本柔道連盟の見舞金制度による調査では、外傷によることが明確な重症頭部外傷30件のうち、直後より意識消失がみられたのは5件だけで、1時間以上経って意識消失したのが4名もいた。さらに30名の診断は殆どが急性硬膜下血腫で、うち半数は死亡している（全日本柔道連盟・佐藤幸夫他編『柔道の安全指導——事故はこうして防ごう——』2011）。

以上、ある程度大きな外力を頭部に受けた場合は、頭皮に問題がなくさらに意識清明でも、競技に復帰させてはいけない。プレーを続行させてはいけない。躊躇せずに病院に搬送することが重要である。

(iii) 受けた外力が小さくて意識レベルの低下を伴わない場合はどうするか？

このような学校教育の場では運動をやめさせ安静をとるのが妥当である。ただしこの際は、ひとりで休ませるのでなく、必ず付き添いをつけて、意識レベルの低下や状態の変化を見逃さないようにするこ必要がある。

頭部の単純な挫創で外力が小さくて意識レベルの低下を伴わない場合では、まず傷の程度をあわてずに評価する。頭部や顔面は血流が豊富で、傷が小さくても多量の流血がみられる。決してあわててはならない。出血がひどいときは傷の部分をガーゼ等で1～2分圧迫すれば出血を少なくなる。傷が汚ければまず流水（水道水で可）でよく洗い、内部の砂や泥をよく洗い流す。汚い傷ではこの異物の除去・洗浄が初期対応の重要な点である。また消毒薬や石鹸を用いると組織に逆にダメージを及ぼして治りを遅くすることがあるので、この時点ではいたずらに消毒薬や石鹸を使用しないようにする。またこの一連の処置ではプラスティック手袋を用いて直接傷や血に触れないようにする必要がある。このような事態が予想される教育の場では清潔でなくていいので使い捨てのプラスティック手袋を用意しておく必要がある。

以上，単純な挫創では傷をきれいに洗い流し，傷の部分を圧迫し，そして病院に搬送する，が手順となる。またこれは頭部に限らず，他の部位の挫創の処置でも基本の手順でもある。

(8) 脊椎・脊髄損傷

(a) どのような場面で起こるか？

脊椎は骨であり，脊髄は神経である。脊髄を取り囲んで保護するように脊椎がある。解剖学では脊椎は頸椎から胸椎，腰椎，仙椎，尾骨で構成され，脊髄は頸髄，胸髄，腰髄，仙髄で構成される。そこで脊椎損傷は正確には骨である脊椎の損傷を指し，神経である脊髄が損傷された場合は脊髄損傷である。実際には両者の使い方の区別はあいまいで，さらにこのような言葉の定義は現場では役に立たないが，①骨はどうなのか？②神経はどうなのか？を論理立てて考えることが損傷を理解するうえで必要である。

さてスポーツで問題となるのは頸椎部の損傷（頸椎・頸髄損傷）である。ラグビー，アメリカンフットボール，柔道，レスリング，器械体操，飛び込み，など様々なスポーツでおこりえるが，受傷機転は3つに大別することができる。①首が過度に反り返った場合（過伸展による損傷），②過度に前にまがった場合（過屈曲による損傷），③頭から体軸方向に外力が加わった場合（軸圧損傷）の3つである。実際にはこれらの要素が複合して生じることが多い。たとえばラグビーのスクラムが崩れた，柔道で頭から投げられた，浅いプールに飛び込んだ，などでは頸椎に過屈曲と軸圧が加わり，タックルが前方から頸に入った，柔道やレスリングの投げ技を顔面で受けた，などでは過伸展外力に軸圧外力が加わる。

一方，頸部の損傷以外では，高所からの転落や，スキーやスノーボードの激しい転倒で胸椎や腰椎の骨折が生じる。

(b) どういう形態なのか？

骨や神経に損傷がないいわゆる捻挫（頸椎捻挫），神経損傷はないが骨折や脱臼がある（狭義の）脊椎損傷，骨折や脱臼はないが神経損傷がある脊髄損傷，そして骨折や脱臼を伴い脊髄が損傷された（広義の）脊髄損傷に分けられる。

前述のように脊髄をとりかこんで脊椎があるので，脊椎の動きの程度，脊椎と脊髄との間の空間的余裕の程度（解剖学的な幅）によって損傷が

異なってくる。たとえば頸椎でも頭に近くなる（上位頸椎）と，解剖学的に脊椎と脊髄の間の空間的ゆとりがあるので骨に損傷があっても神経症状はでにくい。一方，胸椎では動きが制限されてかつ脊椎と脊髄との間も狭いので骨折や脱臼に胸髄の損傷を伴いやすい。

また脊髄から出ている脊髄神経が障害される場合があり（神経根障害），手や足に焼けるような痛みが生じることからバーナー症候群とも呼ばれる。頸を側屈強制されたことで上肢に症状がでることが多い。

(c) どのような処置をすればいいのか？

相応の外力や受傷機転があったか否かを判断することが大切である。そして脊椎損傷を疑えばただちに病院に搬送する。この際，搬送までの間漫然と過ごすのではなく，最悪の損傷を考えて対応する必要がある。

(i) **意識レベルのチェック**　まず意識レベルおよびバイタルをチェックする（突然死，頭部外傷の項，参照）。
頸髄は横隔膜の運動を担っており，肋骨の運動にも関与している。そこで，呼吸がないあるいは不十分なら救命救急処置が最優先となる。

(ii) **手足の動きをみる**　意識が清明で呼吸にも問題がない場合，手足の動きをみる。動かせない場合は脊髄の損傷を疑う。よくわからなければ，握手をしながら手を握らせる，あるいは両手を握ったり開いたり素早く行わせる，シューズを脱がせて足指を動かさせる，などをチェックする。これらのどれか1つでも左右差があってスムーズにできなかった場合は脊髄の損傷が考えられる。

さらに余裕があれば腕のしびれや感覚の程度を評価する。手足の運動が可能でもしびれや感覚の低下，あるいは痛みがあれば脊髄よりさらに手足に近い部分の神経の損傷（神経根損傷など）が考えられる。

以上の問題がなくても神経損傷を伴わない脊椎の骨折や脱臼を忘れてはならない。とにかく相応の外力や受傷機転があった場合は脊椎・脊髄の損傷を疑うことが重要なのである。

(iii) **頭部と頸部を固定する**　さて脊椎・脊髄損傷では，それ以上の損傷が生じないように処置に際して頭部と頸部の固定を行うことも大切である。たとえば仰向けにさせる場合は頭と体を一本の棒のように，頸部に捻じれが加わらないように人数をかけ一体として行う。砂嚢があれば頭の左右に砂嚢をおく。搬送に際しては頭部を保持する人は両手を患者の肩甲骨部にあてて頭部と頸部を両肘で挟むようにして保持し，他の

人は頸部が動かないように両側から体幹を保持する。この搬送には人数をかけること，頭頸部を保持する人がリーダーとなって指示のもとに一体となって行うことも重要である。

(9) 溺　水

医学的に「溺水」とは溺れても24時間以内に蘇生した場合，「溺死」とは24時間以内に死亡した場合をいう。ただしここでは「蘇生の有無にかかわらずとにかく溺れた状態」として「溺水」を扱うこととする。

(a)　どのような場面で起こるか？

プール，海，川などで水辺活動を行う全てのスポーツで溺水は起こりえる。

原因として，潜水での無理な息こらえによる意識消失，浅いプールでの飛び込みによる頭部打撲や頸髄損傷，排水口への吸引，などがあげられる。また海では，波に巻き込まれる，海岸線から沖に向かう離岸流に巻き込まれる，などがあげられる。

さらに泳ぎの得意な者でも，あるいは足がつく浅いところでも溺水は生じる。このようなケースでは背景に不整脈やめまいなどがあげられるが，発見が遅れて直接の原因を特定できないことも多い。

(b)　どういう形態なのか？

顔面が水に浸った状態が2～5分続くと，息がこらえきれなくなり喉頭の痙攣が生じて声門が閉じ，いわゆる窒息状態になる。この時点では意識はなくなるが肺への浸水はない。この状態がさらに5～10分続くと組織内の酸素が枯渇して，やがて声門が開いて肺が浸水する。肺にひとたび水が浸入すると，淡水では肺のガス交換の場である肺胞が障害され，海水では血漿が肺に漏出して肺水腫になる。そこで溺水では肺に浸水が生じる前に発見・救助することが大切になる。

(c)　どのような処置をすればいいのか？

予防のために，監督者は事前に心肺機能に問題がないかメディカルチェックを行い，施設の安全確認も行う。そして入退水時には必ず人数確認を行う。

前述のように早期発見が重要であるが，そのためには<u>不自然な動き</u>に注意することである。溺水者の動作の特徴として，まず岸に向かって手をあげて大声で叫んでいるか，不自然な泳ぎをしていることが多い。次

に梯子を登るような動作を繰り返す。やがて浮き沈みを繰り返しながら動作がゆっくりとなっていき，水没してしまう。水没すると発見が困難になるので，その前の「変な動き」，「不自然な動き」に気づくことが重要である。

発見した場合は，大声で人を集め，二次的な事故を防ぐためにまずは入水せずに救助活動を行うことを優先する。その際はビート板やロープ，クーラーボックスなどを利用する。入水せねばならない場合は，無防備に接近せず背後からの接近を試みる。また素手での救助を避け，上述の道具を利用することを心がける。

救助後は意識やバイタルサインをチェックし，呼吸・脈がない場合は心肺蘇生法をただちに行う（突然死，頭部外傷の項，参照）。

(10) 熱中症

(a) どのような場面で起こるか？

全年齢を通して熱中症による死亡数は年々増加している。これは真夏日（日最高気温30℃以上の日）や熱帯夜（日最低気温25℃以上の日）の日数と熱中症死亡数との間に有意な正の相関があることから，近年の気象環境の高温化のためと考えられる（中井誠一「熱中症」臨床スポーツ医学 29（臨時増刊　学校スポーツにおける外傷・障害診療ガイド）368-375頁，2012）。わが国の夏は今後ますます高温多湿化することが考えられるので，熱中症について理解を深め，予防に努めることが一層必要になってくる。

救急搬送された熱中症患者の実態調査では，若年層では男子のスポーツ中の発生が多く，特にトラック競技や屋内の格闘技では重症の割合が高い（三宅康史ほか「本邦における熱中症の実態——Heatstroke STUDY 2008 最終報告」日救急医誌 21: 230-244, 2010）。また学校管理下での死亡事故（1975～2010年）をみると，7，8月が多く，スポーツでは野球，ラグビー，柔道，サッカーの順で，屋外だけでなく屋内の種目でもみられる（日本スポーツ振興センター：学校安全Web，学校安全，2012）。

運動時の熱中症発生と環境気温との関係にははっきりした特徴がある。発生は死亡例，非死亡例に関係なく，おおむね気温24℃以上，相対湿度40%以上であり，気温24℃以下の死亡例では湿度が高い（中井誠一・前掲同頁）。したがって高温多湿時はもちろんのこと梅雨時にも注意を要する。

また大学生のアメリカンフットボール練習中の調査では，発生の当日は気温の急激な上昇があり，かつ患者はすべて1年生であった（中井誠一・前掲同頁）。このことは運動に慣れていないことに加え，急激な環境温度の上昇に対応できていないことが関連していると思われる。

以上のことから熱中症の主な注意点が浮かびあがってくる。すなわち，屋内のスポーツでも起こりえること，高温多湿時はもちろんのこと気温がさほど高くなくても湿度が高い時や急激な気温の上昇時に起こりえること，そしてスポーツや環境に慣れていない新入生に起こりやすいこと，である。

(b) どういう形態なのか？

人間の体温は爬虫類と違い，常に一定であり，そのために外気との「熱交換（熱伝導）」と発汗による「気化熱」という2つのメカニズムが働いている。

代謝や運動によって生じた熱は血流にのって体表に運ばれ，皮膚直下の毛細血管で外気と熱交換を行う。こうして冷やされた血流は再び体の深部に戻っていく。このように外気との温度差を利用するのが熱交換のメカニズムである。一方，汗をかいて気化させることで熱を下げるのが発汗による気化熱のメカニズムである。

そこで，外気温が高いと体温との温度差が少なく熱交換がうまく働かない，あるいは湿度が高いと汗を気化させることができないので気化熱を使えないということになる。また気温や湿度がそれほど高くなくても激しい運動によって産生される熱が大量だと，やはりこれらのメカニズムでは十分に対応できなくなる。

このような場合体温を下げようとさらに発汗が行われ，その結果，体の水分が少なくなり（脱水），塩分が汗から喪失して電解質バランスがくずれる。また脱水に加えて皮膚の血流をさらに増やそうとする結果，重要臓器への血流が低下する。

(c) どのような処置をすればいいのか？

まず疑ってかかることである。特に暑熱環境下のあらゆる不具合は熱中症を疑うことが重要である。

(i) **熱中症の重症度**　熱中症の重症度はⅠ度～Ⅲ度の三段階に分けるのが簡潔で理解しやすい（三宅康史「熱中症の救急処置」臨床スポーツ医学27（臨時増刊　競技スポーツ帯同時に役立つ外傷初期治療ガイド）346-

351頁，2010）。Ⅰ度は初期の脱水による症状だけのもの，Ⅱ度はさらに進んで臓器の血流不足が生じているもの，Ⅲ度はそれ以上のものである。Ⅰ度は現場の応急処置で回復可能であるが，Ⅱ度以上では救急搬送が必要である。

　この重症度は意識障害の程度とよく相関する。したがって現場で判断する決め手は意識障害をみることである（頭部外傷の項　参照）。意識清明（JCS 0）なら熱中症の重症度のⅠ度，なんとなくはっきりしない（JCS 1）場合はⅡ度，そしてJCS 2以上の意識障害はすべてⅢ度と判断する。

　(ii)　**基本的処置**　　処置の基本は，まず涼しい所に避難させ衣服を緩めて安静とし冷水を飲ませることである。できればエアコンを効かせ除湿をし，扇風機で風をあてる。頭や首すじ，腋の下，鼠径部（股の部分）に保冷剤をあてるとさらに効果的である。また大量の汗がみられる場合は塩分を補うために塩分の補給も行う（500ml冷水に対して塩0.5～1g/程度）。

　(iii)　**救急搬送の要請**　　Ⅱ度以上では水分の自力摂取は不可能なので救急搬送を要請する。そして搬送を待つ間にも上記の処置を必ず行う。

　ただし，Ⅱ度以上で冷水を飲ませる場合，誤嚥や窒息の危険があるので体位を横にして飲ませる（回復体位　突然死の項，参照）。また意識レベルの悪化を見逃さないために，必ず誰かが付き添って見守ることも必要である。

　(d)　**ま　と　め**

　屋外，屋内を問わず，暑熱環境下でのスポーツでは，いつもと違う様子や訴えがあれば根性論で片づけないで，まず熱中症を疑ってみること，そして必ず付き添いをつけて涼しいところで休ませて上記の処置を行い，回復してくるか見極めることが監督者にとって大切である。

第4章
事故と責任

Chapter 4

① スポーツと法的責任

　体育の授業や部活動中に事故が生じた場合の，体育教員や部活監督・コーチなどのスポーツ指導者が問われる法的責任としては，損害賠償責任（不法行為責任・債務不履行責任），国家賠償責任，刑事責任，行政責任をあげることができる。

(1) 損害賠償責任——不法行為責任・債務不履行責任

　スポーツ指導者（体育教員，部活監督・コーチなど）の法的責任について，私立学校等においては私法の適用がなされ，特にわが国の民法で損害賠償請求制度として規定されている，不法行為責任（民法709条以下），債務不履行責任（同415条以下）を問われる場合がある。

(a) 不法行為責任

　不法行為制度は，一般の不法行為（一般的不法行為）と，特殊の不法行為（特殊的不法行為）に大別されている。私立学校等におけるスポーツ指導者の法的責任については，特殊の不法行為，そのうち特に使用者責任等が問題となるが，ここでは，不法行為の本質をとらえるために，まず一般の不法行為の成立要件について概略する。すなわち，第1に，加害者に故意または過失があることである。第2に，権利または法律上保護される利益の侵害があることである。第3に，実際に損害が発生していることである。第4に，加害行為と損害発生に因果関係が存在することである。第5に，加害者に責任能力があることである。

　民法で定められている特殊の不法行為の類型は以下の通りである。
　第1に，監督者責任として，責任能力のない者の監督義務者・代理監督者は，その者の不法行為について損害賠償責任を負うとする（同714条）。
　第2に，使用者責任として，ある事業のために他人を使用する者（使用者：雇い主・経営者等）は，その他人（被用者：労働者等）がその事業の執行につき，第三者に加えた損害について，不法行為の損害賠償責任を負うとする（同715条）。ここでは，被害者は，損害の発生と，それが事業の執行につき生じたことだけを主張立証すればよく，使用者の方で被用者の選任および監督について相当の注意をしたこと，またはその注

151

意をしてもなお損害が発生したことを立証しなければならないとして，立証責任が一部転換されている（同条1項）。これは，使用者は被用者を使って利益をあげている以上，その過程で生じた損害については責任を負うべきとする報償責任の原理にもとづいている。ただし，裁判所は被害者救済のために，これを容易には認めないと言われている[1]。

さらに，第3に注文者責任（同法716条），第4に土地工作物責任（同法717条），第5に動物占有者の責任（同法718条），第6に共同不法行為（同法719条）についてそれぞれ規定している。

(b) 債務不履行責任

債務不履行は，履行遅滞，不完全履行，履行不能に分類することができ[2]，また，スポーツ指導者の法的責任については，安全配慮義務違反，保護義務違反，付随義務違反，説明義務違反などが重視されている。

私立学校等におけるスポーツ指導者の法的責任については，上の安全配慮義務が問題となる。最高裁判決（最高裁昭和50年2月25日判決，民集29巻2号143頁）は，「ある法律関係に基づいて特別な社会的接触の関係に入った当事者間において，当該法律関係の付随的義務として当事者の一方又は双方が相手方に対して信義則上負う義務として一般的に認められるべきもの」を安全配慮義務が認められる場面および法的根拠とした。

小学校以上の児童のように意思能力が認められる場合，在学契約の当事者は生徒と学校設置者であり，意思能力のない幼稚園児および保育園児の場合にのみ，幼稚園と園児保護者との間に幼児保育委託契約が成立しているとされている。また，学校事故で安全配慮義務を理由に学校設置者の損害賠償責任を追及するためには，学校設置者にこの債務が存在することを前提にしている。私立学校においては，この在学契約によって，施設を利用して教育を実施する義務を負い，生徒に対して学費等の請求権を有する。一方，生徒は教育施設の利用および教育を実施させる請求権を有し，学費等の支払義務を負う。そして，この在学契約における付随義務として私立学校に安全配慮義務が生じるのである（山形地裁昭和52年3月30日判決，判時873号83頁）。

小・中・高校における安全配慮義務の具体的義務内容については，事故の発生した場所・時間・学校設置者と学校の管理内容，生徒の判断力・注意力・危険回避能力等の具体的諸状況を個別に検討しなければならな

1 スポーツと法的責任

い。具体的義務内容は，以下のような事前の義務，授業中（部活等の教育活動を含む：以下同意）の義務，事故発生後の義務に大別される[3]。すなわち，事前の義務（福岡地裁小倉支部平成4年4月21日判決，判タ794号203頁，神戸地裁平成4年3月23日，判時1444号114頁，静岡地裁富士支部昭和63年10月4日判決，判時1309号131頁）としては，指導計画作成義務，教場の事前調査義務，監視体制確立義務，救助体制確立義務があり，授業中の義務（福岡地裁甘木支部昭和62年9月25日判決（判時1267号130頁），大阪高裁平成6年6月29日判決（判時1517号62頁），鹿児島地裁昭和64年1月23日判決（判タ693号169頁））としては，指導義務，監督義務，能力把握義務，身体状況把握義務があり，事故発生後の義務（鳥取地裁米子支部昭和63年2月18日判決，判時1291号126頁）としては，応急措置義務，事故報告義務がある。

　大学における安全配慮義務については，精神的・身体的な成長状況から，先の小・中・高校の安全配慮義務の内容とは異なる。体育授業においては，危険なスポーツを実施する場合や学生の知識・技術が未熟である等の事故の発生が客観的に予見できるような場合にこれを防止し，事故が発生した場合には応急措置等の適切な事後措置を行う義務にとどまる。一方，クラブ活動においては，学生の自主性が強く求められているため，指導は，活動が本来の目的を逸脱し，またはその恐れがあると認められた場合等に行われるべき必要最小限のものに限定される。例えば，しごきと称されるような暴力行為が行われている場合には，大学はクラブに対して指導・処分を行うことにより是正しなければならない。大学は，管理する施設に安全性を欠く状態が生じた場合に危険を除去するなど，施設管理の面から学生の安全を守る義務，および大学構内での事故の発生を知った場合に速やかに適切な事後措置をとるべき義務を負うにすぎない。また，クラブ活動において，学生に生じる危険防止について逐一大学が具体的諸方策を講じなければならない義務は要求されていない。

　私立学校等におけるスポーツ指導者の法的責任は，不法行為責任と債務不履行責任に分類されるが，判例（京都地裁平成4年6月26日判決および大阪高裁平成6年6月28日判決，大阪地裁昭和57年1月22日判決，水戸地裁土浦支部平成6年12月27日判決など多数の判例が紹介されている。）においては，事故の被害者などは，両者をあわせて損害賠償請求を行っ

ている[4)5)]。

(2) 国家賠償責任

(a) 国家賠償責任の意義と公権力の行使

スポーツ指導者(体育教員,部活監督・コーチなど)の法的責任については,国公立学校においては教員が公務員であることから,国家賠償法の適用により,国家賠償責任を問われることがある。

国家賠償[6)]は,国または公共団体が違法に国民の権利あるいは法益を侵害した場合の賠償責任を確立するものであり,国家賠償法1条において「国又は公共団体の公権力の行使に当る公務員が,その職務を行うについて,故意又は過失によって違法に他人に損害を加えたときは,国又は公共団体が,これを賠償する責に任ずる」と規定されている。

ここでいう「公務員」とは,国家公務員法,地方公務員法,刑法上の公務員概念よりも広く,常勤・非常勤を問わぬのみならず,給与・報酬がなく,事実上の公務を執行する者も含まれるという立場が通説である[7)]。また,「職務を行うについて」すなわち「職務上の行為」とは,一般的に職務行為自体か,職務行為と関連した一体不可分の関係にあるものか,行為者の意思にかかわらず,職務行為と関連関係または関連関係があり,客観的・外形的にみて,社会通念上,職務の範囲に属するとみられる行為を意味するとされており,放課後の運動部の指導,夏季の学校プールの監督,クラスの有志を引率して登山やハイキングに出かけた際の事故なども,職務上の行為に該当すると考えられている[8)]。

ここでは,国公立学校における体育の授業や部活動の指導等の教育活動が国家賠償法1条にいう「公権力の行使」に該当するかが問題となるが,その範囲については,権力的作用に限定する狭義説,これに非権力的作用をも含むとする広義説,さらに私経済的作用をも含むとする最広義説があるが,広義説が通説である[9)]。

(b) 公権力の行使に関する判例

公権力の行使について,判例(東京高裁昭和56年11月13日判決(判時1028号45頁))は,「公権力の行使とは,国又は公共団体の作用のうち純粋な私経済作用と国家賠償法2条によって救済される営造物の設置又は管理作用を除く全ての作用を意味する」としている。さらに,公立中学校の体育の授業(プール)での指導中,生徒の一人が飛び込みの練習

で頸椎骨折，頸髄損傷により四肢麻痺の障害を負った事例において，判例（最高裁昭和62年2月6日判決（判時1232号100頁））は，「国家賠償法1条1項にいう公権力の行使には，公立学校における教師の教育活動も含まれる」「学校の教師は，学校における教育活動により生ずるおそれのある危険から生徒を保護すべき義務を負っており，危険をともなう技術を指導する場合には，事故の発生を防止するために十分な措置を講じるべき注意義務がある」と判示し，国家賠償法の保障対象となることを認めている。

(3) 刑事責任

　刑事責任は，反社会的な行為としての犯罪に対して行われる制裁としての刑罰を加えることによって，その責任を追及するものであり，我が国では刑法によって犯罪が成立する要件として，犯罪構成要件該当性，違法性，有責性の3要件が確立されている。

　スポーツ事故に関して刑事責任が問われる事例は少ないが，それは，スポーツ事故の多くは犯罪目的で発生するものではないからである。例えば，格闘技のように，対戦相手に傷害罪にあたる傷を負わせても，刑法35条に規定されている「正当業務行為」に該当し，違法性が阻却され，犯罪の構成要件を満たさないと考えられているためである。

　スポーツ事故に関して刑事責任が問われた事例としては，体罰やしごき，セクハラなどスポーツ指導者，教員が故意に児童や生徒，学生に対し暴行を加えた結果，傷害を与えたり死亡させたもの，あるいは危険予見義務違反，危険回避義務違反，注意義務違反による過失によって傷害を与えたり死亡させたものがあげられる。

　具体的には，スポーツ中の熱中症による死亡事故，登山等における死亡事故などで，指導者，リーダーに課せられている義務に反して判断を誤った結果として傷害や死亡事故に至ったような場合があげられる。

　有罪判決の下された判例としては，山岳部員である高校生数名を同校教官が引率して芦別岳に登山中，生徒2名が岩から墜落即死した事件において，引率教員は「業務上当然に生徒の生命身体を害するが如き結果の発生を防止する義務を負う」とし，登山コースの事前調査義務や危険予知・回避義務などの違反により，業務上過失致死罪を認容する判決を下したものもある（札幌地裁昭和30年7月4日判決（判時55号3頁））。

また，高校のラグビー部の夏季合宿中に部員1人が熱中症により倒れたのに医師による適切な処理を怠ったため死亡させた事件において，担当教師に注意義務違反があったことを認定し，業務上過失致死罪を適用し禁固2カ月（執行猶予1年）の有罪判決を下したものもある（東京高裁昭和51年3月25日判決（判タ335号344頁））。

(4) 行政責任

スポーツ事故における加害者が，国公立学校の教師のように国家公務員あるいは地方公務員であった場合，国家公務員であれば国家公務員法82条，地方公務員であれば地方公務員法28条および29条の各規定にもとづき，行政上の責任として免職，停職，減給，戒告などの懲戒処分に付されることになる。

また，こうした人に対する責任とは別に，国・公共団体が設置したスポーツ施設（国公立学校も含む）等における，設置上の瑕疵，設計・構造上の不備等によって利用者に損害を与えた場合について，刑事責任や国家賠償法による損害賠償責任とは別に，施設の設置主体たる行政機関は，設置上の瑕疵，設計・構造上の不備そのものについての政治的な意味での責任を負うべきだと考えてもよいのではないか，との指摘もなされている[10]。

【引用・参考文献】
1) 成田博『民法学習の基礎［第2版］』97頁（有斐閣，2005）
2) 池田真朗『新標準講義民法債権総論［第2版］』41頁以下（慶應義塾大学出版会株式会社，2013）など参照
3) 増尾均「体育授業中・クラブ活動中の事故と安全配慮義務」『スポーツにおける契約の諸問題』日本スポーツ法学会年報第3号133頁以下（日本スポーツ法学会，1996）
4) 伊藤堯『スポーツ事故と法的責任　勤労者福祉施設フレッシュ・シリーズNo.8』72頁（財団法人　勤労者福祉施設協会，1998）
5) 内田貴『民法Ⅱ［第3版］債権各論』333頁（財団法人　東京大学出版会，2012）において，判例は請求権競合説に立っており，学説の多くも支持している，とある。
6) スポーツ事故における国家賠償責任については，小笠原正「憲法17条における国家賠償責任と国家賠償法第1条の意義──スポーツ事故の過失と注意義務──」『日本スポーツ法学会年報第7号』48頁以下（早稲田大学出版部，2000）
7) 濱野吉生『体育・スポーツ法学概論』224頁以下（前野書店，1988）

8）濱野吉生・前掲書7），225頁
9）小笠原正・諏訪伸夫編著『スポーツのリスクマネジメント』（小笠原正担当部分）27頁（ぎょうせい，2009）
10）小笠原正・諏訪伸夫編著・前掲書9）（緒方章宏担当部分）18頁

② アスリートの法的責任——判例を中心として——

スポーツの高度化・大衆化に伴い，「スポーツと法」に関わる争いも増えている。かつて「法はスポーツに入らず」とされていた時代もあったが，スポーツ事故の増加・拡大をはじめ，様々なスポーツと法に関わる事例が積み重ねられるに伴い，スポーツに関わる人にとって法学もしくは「スポーツ法学」は避けては通れない時代になったといえるだろう。当然，スポーツに参加する者＝アスリートにとっても同様であり，アスリート自身がスポーツ事故の被害者や加害者になってしまう場合も多く発生している。

一般に，事故が発生すると法的責任が発生するが，スポーツの場合は，通常，アスリートはルールに従って行動していれば，責任を問われることはないとされる。それでは，どのような場合に法的責任に問われるか，学校におけるスポーツ事故判例を中心に，「加害者の法的責任」と「被害者の法的責任」に分けて述べていく。

(1) 加害者の法的責任

いわゆるスポーツ事故が発生した場合，加害者に過失等があれば，ある一定の場合を除き，いわゆる道義的責任以外に法律上の責任として，①民事上の責任，②刑事上の責任，③行政上の責任が問われることとなる。学校体育スポーツおよび部活動で発生した事故も同様である。

①民事上の責任とは，被害者の被った損害について，加害者が損害賠償義務を負い，賠償金の支払義務を負うことである。今日の社会では，被害者は加害者に対して損害の賠償を求めることが法律上認められており，当事者間の話し合いや裁判所の関与によって加害者の責任が追及される。

民事上の責任には，不法行為によるもの（民法709条）や債務不履行

によるもの(民法415条)などがあるが,不法行為による損害賠償が一般的といえる。不法行為による損害賠償として民法709条では,「故意又は過失によって他人の権利又は法律上保護される利益を侵害した者は,これによって生じた損害を賠償する責任を負う。」とあるが,不法行為責任が成立する要件としては,一般的に,①被害者に現実に損害は発生していること(損害の発生),②加害者の故意または過失による行為により生じていること(故意・過失),③加害行為が違法なこと(違法性),④損害と加害行為との間に因果関係があること(相当因果関係),⑤加害者に責任能力があること(責任能力)が必要とされている。特に,⑤の責任能力とは,自己の行為が不法な行為であって法律上の責任が生じることを弁識するに足るだけの判断能力をいう。責任能力の有無は個別的に判断されることになるが,一般に精神上の障害により自己の行為の責任を弁識する能力を各状態にある者は責任無能力者であり,未成年者はおおよそ12歳前後に至るまでは責任無能力であるとみられる。学校体育・スポーツ事故においても,この責任能力が問われる事件も多くあろう。

　刑事上の責任とは,いわゆる犯罪責任で,犯罪をおかした者に対してその未然防止のため刑罰を科されることである。スポーツ事故において刑事上の責任が問われることは必ずしも多くないが,刑事責任を問われた事例の大半は過失犯であり,スポーツ活動に関連した故意犯としては,体罰やしごき,セクハラなどがある。具体的には,暴行罪(刑法208条),過失傷害罪(同209条),過失致死罪(同210条),業務上過失致死罪(同211条)などに問われる。

　アスリートが上記のような民事上の責任や刑事上の責任を問われる場合,加害者となったアスリートに「故意」あるいは「過失」があったことが前提となる。スポーツ事故では「故意」が問題になることはほとんどなく,「過失」の有無が問題になることが多い。例えば,テニス受講生の打ったボールがコート脇にいた別の受講生の顔面に当たった事故」(横浜地裁平成10年2月25日判決,判例タイムズ992号147頁)では,加害者の過失を否定し,不法行為責任を否定している。判決によると,「練習に参加している以上,現にプレーしている以外の練習生もボールの飛来する可能性のあるコート周辺で待機せざるを得ないことは当然である。したがって,各練習生は自ら適切な待機場所を選んで,自己の安全を確

保し，かつ，プレーの妨げにならないように配慮すべき義務があるというべきである。」として練習待機中だった被害者の責任に触れた上で，「本来練習とは技量の未熟を前提とし，その向上を図るために行われるものであるから，ルールを遵守してまじめに練習に取り組んだ結果，ミスをしたとしても直ちに過失があるとはいえないことは明らかであり，被告乙にミスショットをしない注意義務があったとはいえないことは自明の理である。」と述べられている。

行政上の責任とは，国家公務員法や地方公務員法に基づき，国家公務員なら国が，地方公務員であれば当該自治体が，教員らの義務違反に対する雇用上の制裁である。ただし，学校教育における体育もしくは部活動を中心としたアスリートは，児童，生徒または学生等であり，公務員である場合は社会人入学の場合を除き，あまりないといえる。

(a) 判　例

では，実際に学校等においては，どのようなスポーツ事故が発生し，加害者のアスリートが責任を問われているのだろうか。代表的なものとして，高校柔道部の練習中に有段者の上級者が絞め技によって下級生を死亡させたケースで，危険防止のために守るべき義務を過失により怠ったとして加害者である上級生に賠償責任を肯定したものがある（千葉地裁昭和49年9月9日判決，判例時報779号93頁）。本事件の判決によると，被告である上級生は，（退部を申し出た被害者の）行動を生意気だと思い，同人を懲らしめる意図のもとに激しい練習を仕掛け，数分後には絞め技により同人を気絶するに至らしめていた。また，入部2週間で未だ受身の技などを十分に習得していない被害者の下級生に対して稽古を付けるに当たっては，第1に「打ち所が悪くて怪我をしたり不具になったりすることのないよう最新の注意を払うべき義務があり」，ましてや「絞め技のような危険な技を仕掛けてはならない注意義務があるにもかかわらず，その義務を怠り，安易に絞め技を用いて同人を気絶せしめ」たことや，第2に一度気絶した者に対して稽古を中止して休息させるべき注意義務を怠ったことを指摘し，民法709条の責任を認めている。これは上級生によるいわゆる「しごき」とともに，注意義務が問題になった事件といえる。

また，友人を相手に空手練習中に興奮のあまりに一方的に殴打や足蹴りを行ったことにより，その相手を肋骨骨折に基づく出血により死亡さ

せるに至った事故につき,「スポーツの練習中の加害行為が被害者の承諾に基づく行為としてその違法性が阻却されるには，とくに『空手』という危険な格闘技においては，単に練習中であったというだけでは足りず，その危険性に鑑みて，練習の方法，程度が，社会的に相当であると是認するに足りる態様のものでなければならない」として，傷害致死罪の成立を認め，被告人を懲役2年としている。

特に，上級生による「しごき」の問題としては，刑事事件では「大学ワンダーフォーゲル新人部員合同練習中死亡事件」（東京地裁昭和41年6月22日判決，判例時報455号17頁）が挙げられる。当時の同大学ワンダーフォーゲル部では例年新入部員の実力錬成を目的として「新人錬成山行」を行っており，時間に遅れたり指示された作業をしなかったりした者は，原則として気力が不足しているものとして殴打等がなされており，その結果として新入部員1名が死亡し，2名が全治2週間ないし6週間の傷害を負うという事件が発生した。この事件では，山行に参加した同部の監督とともに，主将や上級生部員5名が傷害致死と傷害罪で起訴され，被告ら全員の刑事責任が認められている。そのほかにも，高等学校の部活動において，空手部員が下級生の部員に暴行を加えて負傷させた事故につき，同部の顧問（部長）教師とともに，加害上級生の共同不法行為が認められた事件（熊本地裁昭和50年7月14日判決，判例タイムズ332号331頁）も挙げられるだろう。

(b) 違法性阻却事由

一方で，事故が発生しても法的責任が問われない場合がある。例えば，人を傷つける行為は，通常は不法行為責任が成立する要件である「違法性」を帯びるが，医師が手術のため患者を傷つけても違法性はないように，違法の要件は備えているが，その違法の推定が否定される場合である。このように，通常は違法性のある場合でありながら，特別の事由がないために違法性がないとされる場合の事由を違法性阻却事由という。違法性阻却事由としては，①不可抗力，②正当防衛（刑法36条，民法720条1項），③緊急避難（刑法37条1項，民法720条2項），④被害者の承諾（危険の引き受け・危険の同意），⑤正当行為（民法822条等），および⑥自力救済が挙げられる。

① **不可抗力**とは，例えば，異常な大雨に地震が重なってダムが決壊し損害を与えたなどのように，外部から発生した事実で，取引上あるい

は社会通念上普通に要求さえる一切の注意や予防方法を講じても，損害を防止できないものをいう。例えば，スポーツ活動中に，大地震に加えて火災が起こり死傷した場合などである。不可抗力があると，債務不履行や不法行為による責任を免れると解されており，義務の免除や軽減を受ける場合もある。典型的な不可抗力の判例としては，キャンプ中に河川が増水氾濫して，生徒及び引率教員が濁流に飲まれて溺死した「青井岳キャンプ場河川中洲キャンプ生徒溺死事件」（宮崎地裁昭和43年4月30日判決，判例時報522号13頁）が挙げられる。

② **正当防衛**とは，「緊迫不正の侵害に対して，自己または他人の権利を防衛するために，やむを得ずに行う加害行為」のことをいう。スポーツ活動で問題とされるのは，格闘技等で反則してきた相手に対してやむを得ず反撃する場合などである。

③ **緊急避難**とは，自分や他人の生命や身体などの法益に差し迫った危機を避けるため，他の方法がないためにやむをえずした他人の法益を害する行為をいう。スポーツ活動では登山中，一本のザイルでつながれている相手が滑落し，自分が助かるためにザイルを切って相手を死傷させた場合などである。

④ **被害者の承諾**とは，被害者が加害行為に対して予めそれに承諾を与えていれば，それが法令や公序良俗に違反しない限り，違法性が阻却されることをいい，例えば，献血目的の採血行為や移植目的の臓器摘出行為などが挙げられ，「危険の引き受け」ともいわれる。

スポーツ活動は，本質的に危険を内在しているものであるとし，スポーツに参加することは通常予測し得るような危険を受忍することに同意（承諾）している，として事故責任が問われない場合がある。代表的なものとしては，「ママさんバレーボール事件」（東京地裁昭45・2・27，判例時報594号77頁）が挙げられる。本件は，PTA会員が9人制バレーボール大会の練習中，前衛ライトの位置にあったYがダイレクトスパイクをした際に，重心を失って2, 3歩のめって相手方コートで転倒し，そこにいた相手方前衛レフトの選手の右足膝部に衝突して，そのレフトの選手に損害を負わせた事件である。このように被害者の選手は競技に伴う通常予測し得るような危険を受忍しているので，「加害者の行為は違法性を阻却する」として加害者のプレーヤーは免責されている。

⑤ **正当行為**とは，正当な業務による行為は，たとえ法規に触れる場

合でも違法性が阻却され処罰されないことをいう。例えば，医師の行う外科手術などの正当な治療行為は，傷害罪等として処罰されない。スポーツにおいても，ルールに従って故意がなく相手に損害等を与えた場合，正当行為あるいは正当業務行為として免責される場合がある。ボクシングやレスリングなどの格闘技をはじめサッカーやラグビーなどで競技の相手に損害を与えた場合でもルールに従っている限りは免責されるというものである。

従って，ルールの範囲内のプレーにより事故が発生した場合には，その選手の行為は「正当行為」として，民事上も刑事上もその責任を免れることとなる。例えば，社会人野球の試合中に走者のスライディングにより守備についた野手が負傷した事例があるが，裁判所は「スポーツの競技中の事故については，もともとスポーツが競技の過程での身体に対する多少の危険を包含するものであることから，競技中の行為によって他人を傷害せしめる結果が生じたとしても，その球技のルールに照らし，社会的に容認される範囲内における行動によるものであれば，右行為は違法性を欠く」としている。（東京地裁平成元年8月31日判決，判例時報1350号87頁）。

また，スキーヤー同士の衝突事故につき，加害者の過失が認められず，正当行為として違法性が阻却された事例（札幌高裁昭和61年9月30日判決，判例タイムズ633号174頁）も挙げられる。「スポーツやレクリエーション中の事故については，そのスポーツやレクリエーションのルールないしマナーに照らし，社会的に容認される範囲内における行動により，他人に傷害を負わせた場合は，いわゆる正当行為ないし正当業務として違法性が阻却されると解すべきである。」とした上で，本件は「非控訴人が暴走していたとか，危険な滑走方法をとつていたとの事情は認められない」と述べている。

なお，⑥自力救済による事故は考え難いのでここでは省略する。

(2) 被害者の法的責任

一方で，いわゆるスポーツ事故が発生した場合，被害者のアスリート自身にも責任が課されることになった事案もある。上述のような被害者が「危険引受」・「承諾」ということにより被害者が危険を承諾しているとされた事例とともに，被害者が加害者に損害賠償請求を請求した際，

2 アスリートの法的責任——判例を中心として——

被害者の落ち度が認められて「過失相殺」される事例などである。過失相殺とは，民法722条にあるように，被害者側にも過失があったときは，裁判所は損害賠償額の算定にあたり，これを斟酌することができることをいう。例えば，ある者（被害者）が横断歩道外のところを自動車に十分注意を払わずに渡って交通事故に遭ったり，壊れやすい物であることをいわないで保管を依頼したため保管者がこれを壊してしまったという場合には，被害者あるいは債権者にも損害の発生やそれが拡大したことについて過失があるから，賠償額を決めるにあたってはその被害者の過失部分を減額するのが公平に適する。過失相殺は，このような場合に裁判所によって判断されるものである。

では，被害者のアスリートの過失が問われた事例としてはどのようなものがあるだろうか。以下5つの判例を挙げる。

① 中学の野球部における事故で，指導教諭の過失が問題になったが，被害者が自らの判断で行動できる状態であったため，指導教諭の過失が認められなかった事件（東京地裁平成4年3月25日判決，判例時報1442号121頁）。

本件では，中学3年の野球部員がシートバッティングの練習中，打者の後方で球拾いをしていた際に，打者の後方で球拾いをしていた2年生の野球部員が，他の部員から受け取ったボールを別の部員に渡すべく振り向いてトスの動作に入った時に，打球を右目に受けて負傷した事故について，指導教諭の過失が問題になったが，負傷生徒は少年野球で捕手を経験し，野球部での球拾いにも相当習熟し自らの判断で行動できる状態にあったことから，指導教諭は「生徒の自主性を尊重しつつ指導すれば足り，本件事故の発生を具体的に予見可能であったとはいえない」として指導教諭の過失を否定している。

② 野球部の部活動において発生した事故について，被害者の落ち度も認め，過失相殺になった事件（福岡地裁小倉支部昭和59年1月17日判決，判例時報1122号142頁）。

本件では，被害生徒は野球部の打球が当たる危険があることをわかっており，野球部がフリーバッティング練習を始めたことに気づいていたにもかかわらず，打球の行方の注意を怠った押し，被害生徒にも一定の落ち度があったことを認めている。そのうえで，被害生徒の落ち度を考慮し，学校側が支払うべき全損害額から50％にあたる額を過失相殺と

して減額されている。

③　サッカーゴールの転倒により死亡した事件において，過失相殺として被害者の落ち度も認められた事件（鹿児島地裁平成8年1月29日判決）。

中学生が市営多目的広場でサッカーの練習をする中で，サッカーゴールを動かそうとしたところ，サッカーゴールが倒れてしまい，倒れてきたクロスバーが同ゴール前方でサッカーボールのリフティングをしていた別の1名の生徒の腹部にあたり下敷きとなり，腹部打撲の傷害に起因する腹腔内出血により死亡した事件である。これについて，鹿児島地裁は市に対してゴールの設置・管理の瑕疵によるものであり，約6,500万円の支払いを命じたものの，死亡した生徒が立ち入り禁止であることを知りながら，本件広場でサッカーの練習をしていたこと，移動させようとした生徒の警告にもかかわらずリフティングを続けていたことから2割の過失相殺を認めている。

④　高等学校における陸上部でのやり投げの練習において，投げられたやりが他の陸上部員に当たって重傷を負ったという事件（神戸地裁平成14年10月8日判決）。

被害生徒である原告は，同部の顧問教諭が同練習に立ち会ったり，安全指導を徹底したりしなかった過失により事故が発生したと主張し，同校を設置する公共団体である被告に対して国家賠償法1条1項に基づき慰謝料等の支払いを求めたが，被害生徒である原告は判断能力が十分ある年齢に達していたのであるから，本件事故による損害の発生について注意を怠ったことが事故発生の大きな要因になったとして，被害生徒の落ち度（過失割合60％）を認めている。

⑤　高等学校の水泳部の自主練習中に，逆飛び込みをした部員がプールの底に頭を打ちつけて負傷した事故（東京地裁平成16年1月13日判決，判例タイムズ1164号131頁）。

本件では顧問教諭に指導上の過失があるとして，都の損害賠償責任が認められるとともに，自主練習中の事故であることなどを勘案し，4割の過失相殺がなされた。主文では，過失相殺の項目において，「（原告は）本件事故当時高校2年生であり，相当の事理弁識能力を有していたと認められる。本件は，部活動後の自主練習中の事故であり，相当程度生徒の自主性が尊重されるべきである反面，生徒としても自ら事故に対する注意を払う必要があったというべきである。」と述べ，原告にも本件事

故発生に関する過失を指摘している。

以上のように，中学・高校のスポーツ活動での事故について，被害者が事故を回避すべき注意義務等が過失相殺として指摘されたものはあるといえよう。

(3) ま と め

アスリートがスポーツ事故に巻き込まれ，被害者はもちろん，加害者になってしまうことは残念ながらありうることである。こうしたスポーツ事故を防ぐためには，もちろん指導者の責任が大きいことは言うまでもないが，アスリート自身がルールを守り，基本技術を適切に習得するとともに，安全を意識することも重要である。アスリート自身が事故防止についてより意識を高く持つことで，事故が発生する確率を下げることは可能であろう。

一方で，いわゆるスポーツ界における体罰・暴力問題が露呈しているが，上級生よる下級生に対してのいわゆる「しごき」としての暴力は，当然してはならない行為であり，アスリート自身が法的責任を負うことにもなろう。スポーツ界では，平成25年4月25日に，公益財団法人日本体育協会，公益財団法人日本オリンピック委員会，公益財団法人日本障害者スポーツ協会，公益財団法人全国高等学校体育連盟，公益財団法人日本中学校体育連盟の5団体が，「スポーツ界における暴力行為根絶宣言」を採択した。そこには，「指導者」はもちろんのこと，「スポーツを行う者」および「スポーツ団体及び組織」の項目を設けている。「スポーツを行う者」としては，「いかなる暴力行為も行わず，また黙認せず，自己の尊厳を相手の尊重に委ねるフェアプレーの精神でスポーツ活動の場から暴力行為の根絶に努める。」と記されており，自身が暴力行為を行わないようにすることについても求めている。アスリート自身がスポーツ界の一員を成していることを意識し，スポーツ事故が少しでも少なくなることを期待したい。

【参考文献】
1) 小笠原正監修『導入対話によるスポーツ法学［第2版］』（信山社，2007）
2) 小笠原正・諏訪伸夫編著「スポーツのリスクマネジメント」（ぎょうせい，2009）
3) 金子宏他編集『法律学小辞典［第4版補訂版］』（有斐閣，2008）

第Ⅰ部 第4章 事故と責任

③ スポーツ指導者の法的責任──判例を中心として──

(1) 学校教育とスポーツ事故

　学校は国家の教育体制における教育機関である。教育活動は、国家により教員に与えられた教員免許を持つ教員が教育活動を行い、児童・生徒は強制的に教育活動に参加させられる。そこで起こる教育を通しての危険は、当然予想されており、国家はこの危険を引き受けている。これを「引き受けた危険」と言う。この危険により事故が発生した場合、その責任を負担しなければならない。スポーツ事故は学校におけるスポーツ指導者の注意義務違反として発生することが主である。県立高校運動会騎馬戦傷害事件において、学校設置者は、信義則上、生徒に対して教育履行のために設置すべき場所、施設・設備若しくは器具等の設置・管理、又は学校教職員の指導のもとに遂行する教育の管理にあたって、児童・生徒の生命・身体および健康等について、安全に配慮すべき義務を負う（福岡地裁平成11年9月2日判決）としている。これを安全配慮義務と言う。この点最高裁も、公立中学校課外部活動殴打失明事件（昭和58年2月18日判決）で、学校の教育活動において、生徒を指導監督し事故の発生を未然に防止するべき一般的注意義務がある事を認めている。さらに学校は、教員による各科目などの教育活動において教育成果を上げるものであるが、直接的にはこの教員が具体的注意義務を持つものである。このような学校教育の本質は、学校を設置できるものが国または公共団体に止まらず、私立学校の設置を目的として設立された法人をも含んで認識されなければならない。学校教育は、国または公共団体によってなされると学校法人によってなされるとを問うものではない（授業中水泳練習溺死事件・松山地裁西条支部昭和40年4月21日判決）。

　公立学校と私立学校では、学校の設置者の違いから、スポーツ事故における適用法は、公立学校については国家賠償法、私立学校においては民法である。この具体的事例については後掲するとして、学校の法的性格について若干の指摘をしておく。法律に定める学校は「公の性質」を有するものである。この点公立学校であると私立学校であると変わりは

ない。先に示した，体育の授業時間中の水泳練習で溺死した事件の松山地裁西条支部判決で明らかなように，学校教育は，国または公共団体によってなされると学校法人によってなされるとを問わず，非権力的作用に属するものであり，教育基本法第6条1項が明らかにしているように，ともに「公の性質」を持つものである。このように，私立学校も国公立学校と同じように「公の性質」を持ち，公共性原理のもとにあるが，公立学校の在学関係は，私立学校のような契約によって生ずる（在学契約関係）ものではない。県立高校のラグビー部が，社会人チームとのゲームで，技術及び体力の面で未熟であり，しかも実戦経験の少ない部員をフッカーとして起用し，頸椎損傷の障害等を負った事件における判決（福岡地裁昭和62年10月23日判決）は，県立高校の法律関係を，行政主体である県の行政処分としての入学許可によって生ずる公法関係であるとしていることからも明らかなように，公法すなわち国家賠償法が適用される。私立学校は私法すなわち民法が適用される。

(2) スポーツ事故の概要と判例

スポーツは，心身の健康や運動のための身体行動であるが，人々の自由なライフスタイルや生き方を形成し，解放された人間像を確立することに役立つものである。しかし，スポーツは危険を内在しており事故を引き起こすことがある。スポーツに参加することはそのリスクを認識していなければならない。すなわち，スポーツ参加の自己決定（権）により，この危険を引き受けるということである。

スポーツの素晴らしさ楽しさを体感する一方で，成人のスポーツはもとより，学校の体育の授業や運動部活動で痛ましい事故が起きている。文部科学省の，体育活動中の事故防止に関する調査研究協力者会議は，『学校における体育活動中の事故防止について（報告書）』（平成24年7月，以下報告書と略す）をまとめた。報告書によると，1998年度から2009年度までの12年間で全国の学校管理下の体育活動中における死亡事故が470件，重度の障害が残る事故が120件，計590件発生している。このうち，中学・高校の体育の授業中における死亡・重度の障害事故は212件，部活動では318件起きている。傷病別では，体育の授業等では突然死等が80％を超え，次いで脊髄損傷が多かった。競技種目別では陸上競技と水泳が多い。運動部活動を見ると，傷病別では，突然死が約

半数，次いで頭部外傷が多かった。競技種目別では柔道が最も多く，その他ラグビーや野球が多い。これらの傾向を踏まえ，人的要因，環境的要因，各スポーツ固有の活動要因を分析し早急に対策を講ずる必要があるとしている。

このスポーツ事故は全体的に減少傾向にある。これは，平成7年度から健康診断に心電図検査が義務付けられたことによるとされているが，スポーツ事故が裁判になるということは決して少なくはない。スポーツ関連判例は1990年から1999年の10年間で406件あった（齋藤健司『スポーツ事故判例の研究。2007年』）。人権，財産，契約，肖像権・知的財産，行政，労働，環境など多様な関係性を持つことから，決して減少しているとは思えない。むしろ複雑に多様化し増加していると思える。スポーツ事故判例の傾向としては，1つには損害賠償の高額傾向である。一例をあげるならば，柔道4段の指導者が10歳4級の少年に「体落とし」で投げ，急性硬膜下血腫による重篤な後遺症を残した。この事件（長野地裁松本支部平成23年3月16日判決）の損害賠償額は約2億3,251万円である。その損害額は，治療費の他，付添看護費，住宅・自動車改造費，リハビリテーション等将来看護費，賃金，慰謝料等である。その2は，科学的専門的知識の発達である。従来，地震や落雷などは人知を超える物であり，違法性阻却事由の不可抗力と認識することが多かった。しかし，高校のサッカー試合中の落雷被災負傷事件においては，最高裁判所は，落雷事故発生の具体的危険性を認識することが可能であったとはいえないとする，2審判決の「当時の科学的知見」を基準とした判決を破棄し，落雷予防のための注意に関する文献上の記載が多く存在し，科学的知見から具体的に予見可能であったとしている（最高裁平成18年3月13日判決）。

(3) スポーツにおける加害者と被害者の関係

スポーツは，陸上競技の短距離競走や走り高跳び，あるいはテニス，ゴルフなどは別として，身体と身体とが激しくぶつかり合うことが多い。いわゆる　事故という危険（内在的危険）の存在である。このようなスポーツに参加する者は，スポーツのルールに従っていれば相手に打撲・傷害を与えたとしても法的責任を問われない。「ママさんバレーボール受傷事件」で東京地裁（昭和45年2月27日）は，「そのスポーツのルー

ルに著しく反することなく，かつ通常予測され許容された動作に起因するものであるときは，そのスポーツの競技に参加した者全員がその危険をあらかじめ受忍し加害行為を承認しているものと解するのが相当であり，~加害者の行為は違法性を阻却する」とした。いわゆる「危険引き受け」「被害者の承認」とされるものである。これによって違法性は阻却され，アスリートの行為は免責される。違法性阻却事由としては，上記の危険引き受け，被害者の承認（同意）のほか，不可抗力，正当防衛，正当行為，緊急避難があげられる。社会的正当行為や自力救済なども違法性が阻却される。この点については既に述べられているので詳細は略す。

(4) 自己決定権と過失相殺

多様な形態のスポーツは各種あるが，そのスポーツへの参加，種目の選択，プレイの選択，あるいは観覧，観賞への行動は，各人に委ねられており，その者の自己決定権によるものである。当然，スポーツが危険を内在するものであるから，その危険を認識し接近することになる。このことは，スポーツの持つ危険をスポーツに参加する者が引き受けており，そこで発生した損害について賠償を請求することはできない。ルールに基づく加害行為は免責されるが，受傷した側も損害を賠償請求することはできないということである。しかし，被害者も自己の身体生命に対する危険回避のための必要な判断力および責任能力を備えていなければならず，被害者に過失がないとは限らない。被害者の過失に応じて責任を取らせるのが「過失相殺」である。この点高等学校の水泳実習で，指導教諭の指示に従い，スタート台から逆飛び込みを行い，頚椎完全損傷の障害を受け，頚椎以下の身体部分が完全に麻痺してしまった事件（福岡地裁昭和63年12月27日判決）において，スタート台からの逆坂飛びこみをさせた指導教諭の過失と，逆飛び込みを失敗した原告生徒（1年生）との過失の割合を4対6としている。生徒は十分に事理弁別の判断力を備えており，逆飛び込みの危険性を了知の上選択したのであるから，正しい逆飛び込みに留意すべき注意義務があったにもかかわらず，これを怠った過失があるとして過失を相殺したのである。

(5) 責任能力

　体育・部活において，どのような行動をとれば相手に怪我を負わせることになるかの判断は，児童・生徒にとって重要な能力として要求される。民法上は，行為の責任を弁識するに足る知能である。これを責任能力という。スポーツの場面で，自己の行為すなわち投げる，打つ，飛ぶ，蹴るなどの多様な行為が，不法な行為として相手に怪我を負わせるなど法律上の責任が生ずるかどうかを判断する能力である。これを欠く未成年者や心神喪失者は不法行為による損害賠償責任を負わない。12歳前後から責任能力があるとされている。刑法では14歳を責任年齢とし，14歳未満の者には刑罰を科さない。裁判におけるいくつかの事例をみると，名古屋地裁判決（昭和38年6月28日）は，小学校5年生，6年生は集団教育を受けており，引率者の指示，命令に従うという注意義務を期待し得るとしている。運動会準備終了後に，石灰のくずを投げて角膜を損傷させた事件で，高松高裁（昭和49年2月27日判決）は，小学6年生（11歳）は，行為の責任を弁識するに足るべき知能を備えていなかったものと認めている。中学生については，東京地裁判決（昭和40年9月9日）で，中学1年生（12歳10カ月）は行為の責任を弁識する能力を有するものとは認められないので，親権者が責任を負うべきであるとしている。高校生については，サッカー部の練習終了後無断で遊泳し重傷を負った事件で，徳島地裁判決（昭和63年1月27日判決）が，15歳から17歳の高校生は，社会生活上，特に危険な状況が予想されないかぎり，自由な行動を許しても支障のない自立能力，判断能力を備える年齢に達しているとしている。このように小学5年生でも判断能力があり，6年生でも判断能力がないとする判決があるということは，生徒の年齢はもとより，性別，知的発達の程度などの具体的事情を考慮して判断しなければならないないということであるが，おおむね12歳前後が責任能力を持っているという基準になる。

(6) スポーツ指導者の法的責任

　スポーツ指導者はきわめて多種多様である。教育行政に携わる者はもとより，学校体育の教員，運動部活動の監督・コーチ，学校の校長・教頭，これらも公立と私立の所属がある。さらに民間スポーツクラブのイ

3 スポーツ指導者の法的責任——判例を中心として——

ンストラクター，子供会やスポーツ少年団などのボランティア指導者，スポーツ大会など主催者としての指導者などなどである。これらスポーツ指導者の法的責任を考えてみよう。事故の内容，形態などにより，刑事責任，民事責任，行政責任があるが，ここでは，スポーツ事故に特定して以下のように整理して論ずる。

刑事事件は，反社会的行為としての犯罪を制裁として刑罰を加え，その責任を追及するものであるが，スポーツは犯罪を目的として行うものではないことから，体罰，しごき，セクハラ，パワハラなど故意に暴力を加えた場合のほか，スポーツ事故では，犯罪行為として刑事責任を追及される例はそう多くはない。ワンダーフォーゲル部死傷事件（東京地裁昭和41年6月22日判決），大学空手愛好会事件（東京地裁昭和47年3月8日判決）などを上げることができる。

(a) 教員の監督義務と責任——注意義務（一般的注意義務と具体的注意義務）

(i) 注意義務——一般的注意義務

教育は，国家が学校教育体制を確立し，教員に免許を与え，その教員の学校教育における指導によって教育を行うとともに，児童・生徒を強制的に教育活動に参加させ，教育活動に従わせるものである（義務教育）。このことは，学校が危険を内包するものであることを前提に，そこから起こる危険を国は引き受けており，事故が発生した場合その責任を国家が引き受けるということである（引き受けた危険）。故に教師は，学校における教育活動において事故が起きないようにするための注意義務を負っている。この点最高裁は，国が相手方から危険回避の自由を奪ったことにより生じた損害について，その責任を負担しなければならないとする判断を示した（昭和62年2月6日判決）。すなわち，学校の教師は，学校における教育活動により生ずる恐れのある危険から，生徒を保護すべき義務を負っているとしている。一般的注意義務とされるものである。この点，昭和58年2月18日の最高裁判決も，課外の部活動も，学校の教育活動の一環として行われるものである以上，その実施について，顧問の教諭をはじめ学校側に，生徒を指導監督し事故を未然に防止すべき一般的な注意義務があるとしているのである。

(ii) 注意義務——具体的注意義務

スポーツが危険を内在することはすでに見てきたとおりである。ス

ポーツ指導者や管理者などが教育活動によって生ずる危険から，児童・生徒を保護し安全に学校生活を送らしめる義務がある。ことに，体育の授業や特別活動などにおける技術的指導を行う場合，その危険を具体的に予知・予測する予見可能性義務と，その危険から児童・生徒の生命・身体の安全のために危険を回避する危険回避義務が十分に果たされていなければならない。このような注意義務がなされていなかった場合は，過失となる。野球，バレー，ラグビー等スポーツにはそれぞれに特性があり，また，臨海学校，運動会などの教育活動も多様な要素をもつものである。いくつかの判決を見ると，中学校球技大会サッカー試合衝突負傷事件（大阪地裁平成7年9月27日判決）では，スポーツ競技に内在する危険から生徒を保護し，事故の発生を未然に防止する注意義務を負っており，その注意義務の具体的内容，程度については，その競技の危険性の程度，生徒自身の判断力等を総合的に判断すべきとしている。また，公立高校ラグビー部死亡事件において最高裁は（昭和58年7月8日判決），相手方チーム（社会人チーム）の技能，体力を考慮するほか，自チーム（高校生チーム）の技量，体力，体調等にも注意し，両チームの技能，体力等に格段の差がある時には対戦を取りやめるなどし，不慮の事故が起きることがないようにする注意義務がある。としている。都立高校水泳授業逆飛び込み死亡事件（東京地裁八王子支部平成15年7月30日判決）では，スタート台からの逆飛び込みをさせる時は，生徒に危険性があることを事前に十分に説明し，安全な飛び込み方を説明するとともに，危険性のある動作を具体的に説明し，安全な飛び込み方法を生徒の能力に応じて段階的に指導し，事故の発生を防止し，生ずる恐れのある危険から生徒を保護する義務がある，としている。

　すなわち，危険を予知し，危険を回避するには，①スポーツ様式とその技術を，児童・生徒の能力，健康状態等に応じて，調査・研究し，個別的に段階的に指導することである。②危険性を事前に指導し，基本的な注意事項を修得させる責任がある。③危険回避の方法を個別具体的に指導することである。これをスポーツ指導者等の具体的注意義務と言う。

(b) 国公立学校教員の監督義務と責任

　スポーツにおいて国家賠償責任を追及するには，国家賠償法に規定される具体的要件によらなければならない。国家賠償法は，行政上の不法行為に関する一般法として制定されたものであるが，公務員が他人に損

害を加えた場合には，国または公共団体に損害賠償の責めを負わしめるというものである（最高裁昭和31年11月30日判決）。よって，公務員個人が被害者に対して直接その責任を負うものではないと考えられる。以下，この点を考察する。

公務員は，統治権により国民に対して，命令，強制をする権力の行使者として，公権力の行使を行うものである。この「公権力の行使」が，教員の教育活動にもあたるかどうかは議論があるところである。国または地方公共団体の作用は，権力作用，非権力的作用，私経済的作用等であるが，教育作用は非権力的作用であるとするのが通説である（兼子仁：1978）。しかし，教育作用が非権力的作用であることから，公権力の行使に当たるものではないとする判意にもとづき，教員の損害賠償責任はないとする判決がある。公務員である教員の損害賠償責任を否定しているが，教員の教育作用を公権力の行使でないとしている点に留意する必要がある（東京高裁昭和29年9月15日判決）。最高裁はこの点明確に，公権力の行使に当たる公務員が，その職務を行うについて，故意または過失によって違法に他人に損害を加えたときは，国がその被害者に対し賠償の責に任ずるのであって，公務員個人は，被害者に対して直接にその責任を負うものではないとしている（昭和46年9月3日）。また，国公立学校における教師の教育活動（部活を含む）を含むとされている（最高裁判決昭和58年2月18日，昭和62年2月6日）。公務員であるスポーツ指導者としての教員が賠償責任を負うというのではなく，国公立学校の設置者が，児童・生徒が授業中に，あるいは課外の部活動，臨海学校，林間学校などにおける事故について，損害賠償責任を負うということである。

(c) **私立学校教員の監督義務と責任**

私立学校におけるスポーツ指導者の法的責任については私法が適用され，民法が損害賠償請求制度を規定している。不法行為責任（民法709条以下）と債務不履行責任（同415条以下）である（既に述べられているので簡単に記す）。

(i) **不法行為責任**　不法行為の成立要件は一般的に，①損害の発生，②故意・過失の存在，③加害行為の違法性，④相当因果関係，⑤加害者の責任能力，である。このほか特殊の不法行為として，監督者責任（同714条），使用者責任（同715条），注文者責任（同716条），土地工作物

責任（同717条），動物占有者責任（同718条），共同不法行為（同719条）がある。判例としては，D大学E高等学校バスケットボール部熱中症事件（大分地裁平成20年3月31日判決）において，バスケットボール部監督の注意義務違反を認め，D大学の使用者責任により，D大学が損害賠償責任を負うとしている。

(ii) **債務不履行責任**　私立学校における在学関係は，児童・生徒は学校の提供する指導と施設を利用し教育を受け，所定の授業料を納付するなどの義務を負う。このような内容の在学契約関係である。この契約関係に付随する安全配慮義務違反を主張して，学校設置者の損害賠償責任を追及するものである。学校設置者は，学校教育の場において児童・生徒の生命，身体の安全を保持する義務を負うものである。私立D国際高校サッカー部員腎不全死亡事件（京都地裁平成4年6月26日判決）では，サッカー部顧問教諭らの安全配慮義務違反，学校法人Dについては，顧問教諭らの使用者として顧問教諭らによって生じた損害を賠償する責任を負うとしている。また，治療にあたった病院の医師について，治療上の過失があったと認定し，この医師の過失によって生じた損害を使用者として賠償する責任があるとしている。この判例を債務不履行責任に関する判例としたが，内容的には不法行為責任にかかわるものでもある。これは，事故の被害者等が両者を合わせて損害賠償請求を行うケースがあることによる。公立学校においても在学契約関係による安全配慮義務を負うとするものもある。公立高校体操部頚椎損傷事件（浦和地裁平成3年12月13日判決）である。判決では，生徒が県立高校に在学する場合の在学関係は，生徒と高校設置者である県との契約によって成立するものであり，その契約関係は，生徒が私立学校に在学する場合の契約関係と基本的には異ならないとしている。注意を要する点である。

(d) **現場指導者責任——学校設置者（国・県・市・法人等）責任**
　国公立学校・私立学校の教員の法的責任については，公務員についてはその設置者である国あるいは自治体が責任を持ち，私立学校においては法人が責任を負うことは既に見てきた通りである。ここでは，公立学校の設置者である県（市町村も同じである。），私立学校の設置者である法人の責任についてみることにする。

(i) **県（市町村）**　学校設置者である県は，私立学校のような在学契約関係による在学関係ではなく，行政主体である県の行政処分（入学許

可）によって生ずる公法上の法律関係にある。学校設置者である県は信義則上，学校教育の場で生徒に対し，その生命，身体，健康についての安全配慮義務を負うものである。

判例も，県立高校ラグビー部試合傷害事件（福岡地裁昭和62年10月23日判決）において，県は学校を設置し，これに生徒を入学せしめることにより教育法規に従って生徒に施設を供与し，教諭をして所定の教育を施す義務を負い，他方生徒（ないしは保護者）は県に対し授業料を払い，同校において教育を受けるという関係にあるのであるから，両者は特別な社会的接触関係に入ったといえる。県は，学校教育の場において生ずる危険から同人の生命，身体，健康を保護し，その安全に配慮すべき義務を負っている，としている（上告審判決—同旨・最高裁平成4年5月25日）。具体的には，県立高校運動会騎馬戦傷害事件判決にあるように，担当教諭を通じて，十分な計画策定，適切な指示・注意，事故が発生した場合の対応策等危険を防止し，生徒の安全を確保するための措置を講ずべき義務が課されているのである（福岡地裁平成11年9月2日判決）。

(ii) 校　長　　学校長は，学校教育の本質，学校教育法の精神に照らし，その教育活動について児童・生徒を保護監督する義務がある。この場合の義務は，学校における教育活動あるいはこれと密接な関連のある学校生活関連に限られるものである。公立中学校クラブ活動負傷事件（岐阜地裁昭和56年2月4日判決）において，校長は管理権限を与えられているものとして，クラブ活動を実施するに際し，生徒の生命身体の安全確保に万全の意をもちうべき高度の注意義務を職務上持っている，と判旨している。

(iii) 法　人　　私立学校の設置者は，高等学校の場合，生徒は意思能力を持っていると考えられるから，学校法人である高等学校との在学契約関係にあり，学校の指導に服して教育を受け，所定の授業料等を納付する義務を負うものである。故に学校法人は，生徒の生命，身体の安全を保持する義務を負うものである。私立高校体操部負傷事件判決は（山形地裁昭和52年3月30日判決），学校教育の場において危険を伴う場合，当該高等学校の設置者たる学校法人は，その在学契約に付随するものとして生徒の生命，身体の安全を保持する義務を負う，としている。

(e) 施設管理者責任

学校教育に要する営造物の設置あるいは管理において，通常有すべき

安全性を欠いていた場合，これを瑕疵と言う。学校教育に必要な体育・スポーツの施設は，公共の施設である国公立学校施設と民間の施設である私立学校施設に分けられる。公立学校の施設に関しては「公の営造物」として国家賠償法2条が適用され，私立学校の施設については「土地の工作物」として民法717条が適用される。賠償責任は，過失の存在を必要としないとされている。

学校の施設は本来安全なものであるが，プールなどは児童生徒に水泳などを指導するための施設であり，熟練した指導者の監督のもとに指導するのでなければ本来危険性をもつものである。施設の設置・管理者は設置当時の状況から将来変化するであろう状況を考慮して使用しなければならない。学校プールの排水溝に膝を吸い込まれるなどして，死亡した事件（鹿児島地裁平成10年2月20日判決）について，学校プールの設置管理者は，児童・生徒が好奇心に駆られて排水溝の格子蓋を取り外し，その内部に入り込んで遊ぶなどの危険な行動をとる事がありうることを前提に，排水溝に吸い込まれて死亡するなどの同種の事故の発生しない「通常有すべき安全性」を有するプールであるための措置を講じるべきであるとしている。

(f) 保護者の責任

保護者（親権者・後見人等法定監督義務者）は，原則として児童・生徒が家庭にいると家庭外にいるとを問わず，その全生活関係において法律上保護監督すべき義務がある。校長や教諭は，この保護者の監督義務の一部を一時的在学関係により，あるいはそれに代わって教育活動との関係から指導監督するものである。保護者は児童・生徒の全生活関係についてその監督義務を持つものである。運動会準備終了後，他の児童に傷害を与え事件（高松高裁昭和49年2月27日判決）において，保護者は（法定監督義務者）は，全生活関係についてその監督義務があり，児童のなしたすべての違法行為に対し，その監督義務を怠らなかったことを主張立証しないかぎり，その損害賠償責任があるとしている。この事件の上告審判決（昭和52年6月28日判決）も，同旨である。

(g) 求償権

スポーツ事故に関係する求償権は，国公立学校における指導者の法的責任については国家賠償法が適用され，その第1条2項において，公務員に故意または重大な過失があったときは，国または公共団体は，その

公務員に対して求償権を有するとしている。これは、行政の適正確実な執行を保障するためには、軽過失の場合は免責であり、公務員に責任を負わせないとする政策である。職務執行の停滞を防ぐとする意味と考えられる。そのため、スポーツ指導者の過失による損害賠償責任について、国または公共団体が求償権を行使するということは、現在のところ見当たらない。

一方、私立学校の場合は、民法715条により、被害者は使用者責任にもとづく損害賠償請求をすることができる。この場合使用者が被害者に損害賠償を支払った場合、使用者が被用者に求償権を有する（同3項）。国家賠償法では、国が国家賠償責任を負うのであるから公務員個人に責任がないとするが、民法においては、個人責任が肯定されることになる。この使用者責任による求償権の行使については、スポーツ指導者の法的責任に関連した事案はなかった。

しかし、このところ新たな事態が発生している。S市立第一中学柔道部暴行傷害事件（福島地裁郡山支部平成21年3月27日判決）で、被告生徒、部顧問、県、市の責任を認め損害賠償の支払いを命じたが、S市は、その財政で賠償金を負担し、学校関係者、県に対する求償権を放棄した。一方、加害少年とその家族に対して110万円の求償をしている。また、K私立学園野球部熱中症傷害事件では、被害者の賠償請求額1億1千万円全額を支払うことで和解したのち、その4分の1にあたる2千700万円を指導者である野球部監督に求償している。交通事故や医療事故の事案に対する求償権行使のような事態が、スポーツ関連事案、あるいは、スポーツ指導者についても起きているのである。

(7) 武道必修化とスポーツ事故

平成18年12月教育基本法の改正が行われた。豊かな情操や道徳心、伝統と文化の尊重などを新しい教育理念とし、教育の目標が規定された。中央教育審議会は、平成20年「武道を通じて我が国固有の伝統と文化に一層触れる」とする目標を定め、中学校学習指導要領を公示した。平成21年4月1から移行措置とし、平成24年4月1日から全面実施することとなった。この年から武道は第1学年および第2学年で必修とされたのである。

(i) **選択履修**　「柔道」「剣道」「相撲」「その他の武道」（空手、少

林寺拳法，弓道，なぎなた，合気道，銃剣道等）から選択して履修する。2012年3月文部科学省が全国960校を抽出して事前調査を行ったが，64%が柔道，剣道38%，相撲3%，である。国公私立中学校1万683校のうち柔道を選択したのは6837校（64%）である（2012年4月27日時点）。施設・用具などの関係から柔道が選択されている。

(ii) **指導教員** 指導者については，東京都内の公立中学校の体育教師のうち柔道の有段者は600名（40%）である。武道はコンタクトスポーツであることから事故が多く重大な結果を招く危険性がある。

A県の公立中学校保健体育担当教員は311人，柔道の有段者127名（41%），無段者184名（59%），剣道の有段者40名（13%），無段者271名（87%），相撲の有段者1名（1%），無段者309名（99%）である。学校数165校の内，柔道実施校130校（78.8%），剣道実施校35校（21.2%），相撲実施校2校（1.2%）である。地域の差があるが，段位のないものが圧倒的に多い。経験の浅い教員，女性，高齢者の教員もいることから，安全には十分の対策が必要である。特に柔道は，重大な事故を招く危険性が高い。

(iii) **スポーツ事故** 先の報告書によると，中学・高校の体育活動中の事故での死亡は470件，重度の障害は120件，合計590件発生している。その内，保健体育の授業などの事故は212件あり，陸上競技87件，水泳24件，バスケットボール17件，と多く，柔道は9件である。

しかし，運動部活動になると，318件中柔道が50件と最も多く，以下野球35件，バスケットボール33件，ラグビー31件，の割合である。中学1年・2年の武道の必修により女子も参加することから，深刻な柔道事故の防止の対策が必要である。

文部科学省も安全管理の徹底を全国の教育委員会等に依頼（平成24年3月9日）しており，各教育委員会も事故防止のための研修会を開き，柔道連盟も講習会を開くなど，事故防止対策を進めている。私立中学の生徒が柔道部の練習で，指導教諭に乱取りで投げられ重傷を負った事件（横浜地裁平成23年12月27日判決）のように，明らかな体力差と技術差を考慮しなかった教師の過失。柔道部内の男子部員による女子部員への練習を名目とした一種の暴行事件（福島地裁郡山支部平成21年3月27日判決）等を考えると，指導教諭の資質・指導能力の向上，体力・経験別指導（ミスマッチの防止），学外団体との協力体制，体調管理，突然死対策，

熱中症・頭部外傷対策など，全教育機関を上げて安全教育，安全管理，連絡体制の整備など，事故防止のための綿密な対策を早急に確立し，実行することが必要である。

第Ⅱ部

保健体育科と学習指導要領

① 学習指導要領と保健体育科（中学・高校）

(1) 教育課程の基準としての「学習指導要領」

学校における教育活動は，例えば中学校の場合特定の教科に限らず各教科（9教科），道徳，総合的な学習の時間並びに特別活動にわたって計画的に展開されている。これらの教育活動の全体計画を「教育課程」と称し，各学校において具体的な教育課程を編成する際の「基準」として，文部科学大臣が公示するのが「中学校学習指導要領」であり，「高等学校指導要領」である。

(2) 現在施行されている「学習指導要領」とその主な特徴

平成20年3月28日…学校教育法施行規則の一部改正と中学校学習指導要領（平成10年文部省告示第176号）の改訂・告示（文部科学省告示第28号）。平成24年度から全面実施。

平成21年3月9日……高等学校学習指導要領（平成11年文部省告示第58号）の改訂・告示（文部科学省告示第34号）。平成25年度の入学生から年次進行により実施。

この改訂は改正された教育基本法（平成18年12月22日法律第120号）や学校教育法（一部改正：平成19年6月27日法律第96号）等の規定にのっとり，平成20年1月の中央教育審議会答申を踏まえ，

(a) 教育基本法改正等で明確となった教育の理念を踏まえ「生きる力」を育成すること。
(b) 知識・技能の習得と思考力・判断力・表現力等の育成のバランスを重視すること。
(c) 道徳教育や体育などの充実により，豊かな心と健やかな体を育成すること，を基本的なねらいとして行われたものである。

「告示」された「学習指導要領」では，前段に
　　　教育基本法（前文，第1章～第4章までの全文）
　　　学校教育法（抄）
　　　学校教育法施行規則（抄）
が示され，そして，中学校学習指導要領そのものがあり，最後に中等教育学校等関係法令が示されている。

構成上からみると,「教育基本法」,「学校教育法(抄)」が,今回からの特徴となっている。

(3)「学習指導要領」の構成等
(a) 学習指導要領の全体構成

〈中学校〉	〈高等学校〉(抄)
第1章　総　則	第1章　総　則
第2章　各教科	第2章　各学科に共通する各教科
第1節　国　語	第1節　国　語
第2節　社　会	：
第3節　数　学	第6節　保健体育
第4節　理　科	：
第5節　音　楽	第10節　情　報
第6節　美　術	第3章　主として専門学科において開設される各教科
第7節　保健体育	第1節　農　業
第8節　技術・家庭	：
第9節　外国語	第10節　体　育
第3章　道　徳	：
第4章　総合的な学習の時間	第13節　英　語
第5章　特別活動	第4章　総合的な学習の時間
	第5章　特別活動
	附　則

(b) 総則の意義

「総則」は,学校教育法施行規則の規定を受けてこれを補足,又は具体化する事項や第2章以下の全体に共通する事項などについて規定し,各学校が教育課程を編成し実施する際の基準として最も基本的な事項を示している。

各教科等を通ずる基本的な理念や仕組みがきわめて重要であり,「総則」の理解の上に立って初めて正しく把握することができるものである。

(c) 「総則」の構成

〈中学校〉	〈高等学校〉
第1章　総　則	第1章　総　則
第1　教育課程編成の一般方針	第1款　教育課程編成の一般方針
第2　内容等の取扱いに関する共通的事項	第2款　各教科・科目及び単位数等
第3　授業時数等の取扱い	第3款　各教科・科目の履修等
第4　指導計画の作成等に当たって配慮すべき事項	第4款　各教科・科目，総合的な学習の時間及び特別活動の授業時数等
	第5款　教育課程の編成・実施に当たって配慮すべき事項
	第6款　単位の修得及び卒業の認定
	第7款　通信制の課程における教育課程の特例

〈参考〉中学校・一部抜粋

第1章　総　則

第1　教育課程編成の一般方針

1　各学校においては，教育基本法及び学校教育法その他の法令並びにこの章以下に示すところに従い，生徒の人間として調和のとれた育成を目指し，地域や学校の実態及び生徒の心身の発達の段階や特性等を十分考慮して，適切な教育課程を編成するものとし，これらに掲げる目標を達成するよう教育を行うものとする。

学校の教育活動を進めるに当たっては，各学校において，生徒に生きる力をはぐくむことを目指し，創意工夫を生かした特色ある教育活動を展開する中で，基礎的・基本的な知識及び技能を確実に習得させ，これらを活用して課題を解決するために必要な思考力，判断力，表現力その他の能力をはぐくむとともに，主体的に学習に取り組む態度を養い，個性を生かす教育の充実に努めなければならない。その際，生徒の発達の

段階を考慮して,生徒の言語活動を充実するとともに,家庭との連携を図りながら,生徒の学習習慣が確立するよう配慮しなければならない。
　3　学校における体育・健康に関する指導は,生徒の発達の段階を考慮して,学校の教育活動全体を通じて適切に行うものとする。特に,学校における食育の推進並びに体力の向上に関する指導,安全に関する指導及び心身の健康の保持増進に関する指導については,保健体育科の時間はもとより,技術・家庭科,特別活動などにおいてもそれぞれの特質に応じて適切に行うよう努めることとする。また,それらの指導を通して,家庭や地域社会との連携を図りながら,日常生活において適切な体育・健康に関する活動の実践を促し,生涯を通じて健康・安全で活力ある生活を送るための基礎が培われるよう配慮しなければならない。
第2　内容等の取扱いに関する共通的事項
　1　第2章以下に示す各教科,道徳及び特別活動の内容に関する事項は,特に示す場合を除き,いずれの学校においても取り扱わなければならない。
　2　学校において特に必要がある場合には,第2章以下に示していない内容を加えて指導することができる。また,第2章以下に示す内容の取扱いのうち内容の範囲や程度等を示す事項は,すべての生徒に対して指導するものとする内容の範囲や程度等を示したものであり,学校において特に必要がある場合には,この事項にかかわらず指導することができる。ただし,これらの場合には,第2章以下に示す各教科,道徳及び特別活動並びに各学年,各分野又は各言語の目標や内容の趣旨を逸脱したり,生徒の負担過重となったりすることのないようにしなければならない。
　3　第2章以下に示す各教科,道徳及び特別活動並びに各学年,各分野又は各言語の内容に掲げる事項の順序は,特に示す場合を除き,指導の順序を示すものではないので,学校においては,その取扱いについて適切な工夫を加えるものとする。
第3　授業時数等の取扱い
　1　各教科,道徳,総合的な学習の時間及び特別活動(以下「各教科等」という。ただし,1及び3において,特別活動については学級活動(学校給食に係るものを除く。)に限る。)の授業は,年間35週以上にわたって行うよう計画し,週当たりの授業時数が生徒の負担過重にならないように

1　学習指導要領と保健体育科（中学・高校）

するものとする。ただし，各教科等（特別活動を除く。）や学習活動の特質に応じ効果的な場合には，夏季，冬季，学年末等の休業日の期間に授業日を設定する場合を含め，これらの授業を特定の期間に行うことができる。なお，給食，休憩などの時間については，学校において工夫を加え，適切に定めるものとする。

2　特別活動の授業のうち，生徒会活動及び学校行事については，それらの内容に応じ，年間，学期ごと，月ごとなどに適切な授業時数を充てるものとする。

3　各教科等のそれぞれの授業の1単位時間は，各学校において，各教科等の年間授業時数を確保しつつ，生徒の発達の段階及び各教科等や学習活動の特質を考慮して適切に定めるものとする。なお，10分間程度の短い時間を単位として特定の教科の指導を行う場合において，当該教科を担当する教師がその指導内容の決定や指導の成果の把握と活用等を責任をもって行う体制が整備されているときは，その時間を当該教科の年間授業時数に含めることができる。

4　各学校においては，地域や学校及び生徒の実態，各教科等や学習活動の特質等に応じて，創意工夫を生かし時間割を弾力的に編成することができる。

5　総合的な学習の時間における学習活動により，特別活動の学校行事に掲げる各行事の実施と同様の成果が期待できる場合においては，総合的な学習の時間における学習活動をもって相当する特別活動の学校行事に掲げる各行事の実施に替えることができる。

第4　指導計画の作成等に当たって配慮すべき事項

1　各学校においては，次の事項に配慮しながら，学校の創意工夫を生かし，全体として，調和のとれた具体的な指導計画を作成するものとする。

(1)　各教科等及び各学年相互間の関連を図り，系統的，発展的な指導ができるようにすること。

(2)　各教科の各学年，各分野又は各言語の指導内容については，そのまとめ方や重点の置き方に適切な工夫を加えるなど，効果的な指導ができるようにすること。

2　以上のほか，次の事項に配慮するものとする。

(1)　各教科等の指導に当たっては，生徒の思考力，判断力，表現力等

をはぐくむ観点から，基礎的・基本的な知識及び技能の活用を図る学習活動を重視するとともに，言語に対する関心や理解を深め，言語に関する能力の育成を図る上で必要な言語環境を整え，生徒の言語活動を充実すること。
(2) 各教科等の指導に当たっては，体験的な学習や基礎的・基本的な知識及び技能を活用した問題解決的な学習を重視するとともに，生徒の興味・関心を生かし，自主的，自発的な学習が促されるよう工夫すること。
(3) 教師と生徒の信頼関係及び生徒相互の好ましい人間関係を育てるとともに生徒理解を深め，生徒が自主的に判断，行動し積極的に自己を生かしていくことができるよう，生徒指導の充実を図ること。
(4) 教科「保健体育」の特徴
(a) 中学校…保健体育科
① 生涯にわたって豊かなスポーツライフを実現する基礎を培うことを重視。運動の楽しさや喜びを味わうことができるようにし，発達の段階のまとまりを考慮して，小学校，中学校及び高等学校を見通した指導的内容の体系化を図っている。
② 指導内容の確実な定着を図る観点から，指導内容を明確に示すとともに，学校段階の接続を踏まえ，第1学年及び第2学年においては，領域の取り上げ方の弾力化を図っている。第3学年においては，特性や魅力に応じた選択のまとまりから選択して履修できるようにしている。
③ 体力の向上を重視し，「体のつくり運動」の一層の充実を図るとともに，学校の教育活動全体や実生活で生かすことができるようにしている。
④ 基礎的な知識の確実な定着を図るため，発達の段階を踏まえて知識に関する領域の構成を見直し，各領域に共通する内容に精選するとともに，各領域との関連で指導することが効果的な内容については，各領域で取り上げるように整理している。
⑤ 保健分野においては，個人生活における保健・安全に関する内容を重視し，指導内容を改善している。
⑥ 健康の維持増進のための実践力の育成を重視し，自らの健康を適切に管理し改善していく思考力・判断力などの資質や能力を育成す

る観点から,系統性のある指導ができるように内容を明確にしている。
(b) 高等学校…保健体育科
① 生徒の運動経験,能力,興味・関心等の多様化の踏まえ,卒業後に少なくとも一つの運動やスポーツを継続することができるようにすることを重視し,運動やスポーツの楽しさや喜びを味わうことができるようにするとともに,発達段階のまとまりを考慮し,小学校,中学校及び高等学校を見通した指導内容の体系化を図っている。
② 生涯にわたって豊かなスポーツライフを実現する資質や能力を育成する観点から,各領域において身に付けさせたい具体的な内容を明確に示している。
③ 体力の向上を重視し,健康や体力の状況に応じて自ら体力を高める方法を身に付けさせ,地域などの実社会で生かせるように「体つくり運動」の指導内容の改善を図るとともに「体つくり運動」以外の領域においても,学習した結果としてより一層の体力の向上を図ることができるようにしている。
④ 運動やスポーツについての総合的な理解を深める観点から,中学校の内容を踏まえた系統性のある指導ができるように知識に関する領域の構成を見直し,各領域に共通する内容に精選するとともに,各領域との関連で指導することが効果的な内容については,各領域で取り上げるよう整理し一層の指導内容の明確化を図っている。
⑤ 科目「保健」においては,個人生活及び社会生活における健康・安全に関する内容を重視し,指導内容を改善している。
⑥ ヘルスプロモーションの考え方を生かし,生涯を通じて自らの健康を適切に管理し改善していく思考力・判断力などの資質や能力を育成する視点から,系統性のある指導ができるよう内容を明確にしている。
(5) 教科「保健体育」の目標
(a) 中学校

第7節　保健体育
第1　目　標

心と体を一体としてとらえ,運動や健康・安全についての理解と運動の合理的な実践を通して,生涯にわたって運動に親しむ資質や能力を育

てるとともに健康の保持増進のための実践力の育成と体力の向上を図り,明るく豊かな生活を営む態度を育てる。
  (b) 高等学校
第6節 保健体育
 第1款 目標
  心と体を一体としてとらえ,健康・安全や運動についての理解と運動の合理的,計画的な実践を通して,生涯にわたって豊かなスポーツライフを継続する資質や能力を育てるとともに健康の保持増進のための実践力の育成と体力の向上を図り,明るく豊かで活力ある生活を営む態度を育てる。
  〈専門学科〉
第10節 体育
 第1款 目標
  心と体を一体としてとらえ,スポーツについての専門的な理解及び高度な技能の習得を目指した主体的,合理的,計画的な実践を通して,健やかな心身の育成に資するとともに,生涯を通してスポーツの振興発展に寄与する資質や能力を育て,明るく豊かで活力ある生活を営む態度を育てる。
  (6) 授業時数,単位数
     (a) 中学校…学校教育法施行規則
     (b) 高等学校…総 則
第2款 各教科・科目及び単位数等
 1 卒業までに履修させる単位数等
  各学校においては,卒業までに履修させる下記2から5までに示す各教科に属する科目及びその単位数,総合的な学習の時間の単位数並びに特別活動及びその授業時数に関する事項を定めるものとする。この場合,各教科に属する科目(以下「各教科・科目」という。)及び総合的な学習の時間の単位数の計は,第3款の1,2及び3の(1)に掲げる各教科・科目の単位数並びに総合的な学習の時間の単位数を含めて74単位以上とする。
  単位については,1単位時間を50分とし,35単位時間の授業を1単位として計算することを標準とする。ただし,通信制の課程においては,第7款の定めるところによるものとする。

1 学習指導要領と保健体育科（中学・高校）

別表第2（第73条関係）

区　　　分		第1学年	第2学年	第3学年
各教科の授業時数	国　　　語	140	140	105
	社　　　会	105	105	140
	数　　　学	140	105	140
	理　　　科	105	140	140
	音　　　楽	45	35	35
	美　　　術	45	35	35
	保　健　体　育	105	105	105
	技　術・家　庭	70	70	35
	外　国　話	140	140	140
道　徳　の　授　業　時　数		35	35	35
総合的な学習の時間の授業時数		50	70	70
特　別　活　動　の　授　業　時　数		35	35	35
総　　授　　業　　時　　数		1015	1015	1015

備考
　1　この表の授業時数の1単位時間は，50分とする。
　2　特別活動の授業時数は，中学校学習指導要領で定める学級活動（学校給食に係るものを除く。）に充てるものとする。

2　各学科に共通する各教科・科目及び総合的な学習の時間並びに標準単位数

　各学校においては，教育課程の編成に当たって，次の表に掲げる各教科・科目及び総合的な学習の時間並びにそれぞれの標準単位数を踏まえ，生徒に履修させる各教科・科目及び総合的な学習の時間並びにそれらの単位数について適切に定めるものとする。ただし，生徒の実態等を考慮し，特に必要がある場合には，標準単位数の標準の限度を超えて単位数を増加して配当することができる。

3　主として専門学科において開設される各教科・科目

　各学校においては，教育課程の編成に当たって，次の表に掲げる主として専門学科（専門教育を主とする学科をいう。以下同じ。）において開設される各教科・科目及び設置者の定めるそれぞれの標準単位数を踏まえ，生徒に履修させる各教科・科目及びその単位数について適切に定めるものとする。

② 体育分野の特性と目標

　教科としての「保健体育」は，中学校においては「体育分野」と「保健分野」で構成されており，高等学校においては，科目「体育」と科目「保健」で構成されている。
　ここでは，中学校の「体育分野」及び高等学校の科目「体育」を中心に，それぞれの「目標」や「内容」，「内容の取扱い」などについて，基本的な考え方を集約してみると，次のようである。
(1) 中学校の体育分野
　"分野"制を基本にしながら，発達段階を考慮し，"学年"制を導入している。
　(a) 分野の目標
〔体育分野　第1学年及び第2学年〕
1　目　標
(1)　運動の合理的な実践を通して，運動の楽しさや喜びを味わうことができるようにするとともに，知識や技能を身に付け，運動を豊かに実践することができるようにする。
(2)　運動を適切に行うことによって，体力を高め，心身の調和的発達を図る。
(3)　運動における競争や協同の経験を通して，公正に取り組む，互いに協力する，自己の役割を果たすなどの意欲を育てるとともに，健康・安全に留意し，自己の最善を尽くして運動をする態度を育てる。
〔体育分野　第3学年〕
1　目　標
(1)　運動の合理的な実践を通して，運動の楽しさや喜びを味わうとともに，知識や技能を高め，生涯にわたって運動を豊かに実践することができるようにする。
(2)　運動を適切に行うことによって，自己の状況に応じて体力の向上を図る能力を育て，心身の調和的発達を図る。
(3)　運動における競争や協同の経験を通して，公正に取り組む，互いに協力する，自己の責任を果たす，参画するなどの意欲を育てると

2 体育分野の特性と目標

教科等	科目	標準単位数	教科等	科目	標準単位数
国語	国語総合	4	保健体育	体育	7～8
	国語表現	3		保健	2
	現代文A	2	芸術	音楽Ⅰ	2
	現代文B	4		音楽Ⅱ	2
	古典A	2		音楽Ⅲ	2
	古典B	4		美術Ⅰ	2
地理歴史	世界史A	2		美術Ⅱ	2
	世界史B	4		美術Ⅲ	2
	日本史A	2		工芸Ⅰ	2
	日本史B	4		工芸Ⅱ	2
	地理A	2		工芸Ⅲ	2
	地理B	4		書道Ⅰ	2
公民	現代社会	2		書道Ⅱ	2
	倫理	2		書道Ⅲ	2
	政治・経済	2	外国語	コミュニケーション英語基礎	2
数学	数学Ⅰ	3		コミュニケーション英語Ⅰ	3
	数学Ⅱ	4		コミュニケーション英語Ⅱ	4
	数学Ⅲ	5		コミュニケーション英語Ⅲ	4
	数学A	2		英語表現Ⅰ	2
	数学B	2		英語表現Ⅱ	4
	数学活用	2		英語会話	2
理科	科学と人間生活	2	家庭	家庭基礎	2
	物理基礎	2		家庭総合	4
	物理	4		生活デザイン	4
	化学基礎	2	情報	社会と情報	2
	化学	4		情報の科学	2
	生物基礎	2	総合的な学習の時間		3～6
	生物	4			
	地学基礎	2			
	地学	4			
	理科課題研究	1			

ともに，健康・安全を確保して，生涯にわたって運動に親しむ態度を育てる。

(b) 分野の内容，内容の取扱い

体育分野の領域及び内容の取扱い

領域及び領域の内容	1年	2年	内容の取扱い	領域及び領域の内容	3年	内容の取扱い
【A体つくり運動】 ア 体ほぐしの運動 イ 体力を高める運動	必修	必修	ア，イ必修（各学年7単位時間以上）	【A体つくり運動】 ア 体ほぐしの運動 イ 体力を高める運動	必修	ア，イ必修（7単位時間以上）
【B器械運動】 ア マット運動 イ 鉄棒運動 ウ 平均台運動 エ 跳び箱運動	必修		2年間でアを含む②選択	【B器械運動】 ア マット運動 イ 鉄棒運動 ウ 平均台運動 エ 跳び箱運動	B，C，D，G，から①以上選択	ア～エから選択
【C陸上競技】 ア 短距離走・リレー，長距離走又はハードル走 イ 走り幅跳び又は走り高跳び	必修		2年間でア及びイのそれぞれから選択	【C陸上競技】 ア 短距離走・リレー，長距離走又はハードル走 イ 走り幅跳び又は走り高跳び		ア及びイのそれぞれから選択
【D水泳】 ア クロール イ 平泳ぎ ウ 背泳ぎ エ バタフライ	必修		2年間でア又はイを含む②選択	【D水泳】 ア クロール イ 平泳ぎ ウ 背泳ぎ エ バタフライ オ 複数の泳法で泳ぐ又はリレー		ア～オから選択
【E球技】 ア ゴール型 イ ネット型 ウ ベースボール型	必修		2年間でア～ウのすべてを選択	【E球技】 ア ゴール型 イ ネット型 ウ ベースボール型	E，F，から①以上選択	ア～ウから②選択
【F武道】 ア 柔道 イ 剣道 ウ 相撲	必修		2年間でア～ウから①選択	【F武道】 ア 柔道 イ 剣道 ウ 相撲		ア～ウから①選択
【Gダンス】 ア 創作ダンス イ フォークダンス ウ 現代的なリズムのダンス	必修		2年間でア～ウから選択	【Gダンス】 ア 創作ダンス イ フォークダンス ウ 現代的なリズムのダンス	B，C，D，G，から①以上選択	ア～ウから選択

2 体育分野の特性と目標

【H 体育理論】			(1) 第1学年必修	【H 体育理論】		(1) 第3学年必修（3単位時間以上）
(1) 運動やスポーツの多様性	必修	必修	(2) 第2学年必修（各学年3単位時間以上）	(1) 文化としてのスポーツの意義	必修	
(2) 運動やスポーツが心身の発達に与える効果と安全						

（出典）文部科学省「中学校学習指導要領解説・保健体育編」平成20年9月, p.144

(2) 高等学校の科目「体育」

(a) 科目の目標

第1 体 育

1 目 標

　運動の合理的，計画的な実践を通して，知識を深めるとともに技能を高め，運動の楽しさや喜びを深く味わうことができるようにし，自己の状況に応じて体力の向上を図る能力を育て，公正，協力，責任，参画などに対する意欲を高め，健康・安全を確保して，生涯にわたって豊かなスポーツライフを継続する資質や能力を育てる。

(b) 科目の内容，内容の取扱い

「体育」の領域及び内容の取扱い

領域及び領域の内容	入学年次	その次の年次	それ以降の年次	内容の取扱い
【A体つくり運動】	必修	必修	必修	ア，イ必修（各年次7〜10単位時間程度）
ア 体ほぐしの運動				
イ 体力を高める運動				
【B器械運動】	B, C, D, Gから①以上選択	B, C, D, E, F, Gから②以上選択	B, C, D, E, F, Gから②以上選択	ア〜エから選択
ア マット運動				
イ 鉄棒運動				
ウ 平均台運動				
エ 跳び箱運動				
【C陸上競技】				ア〜ウに示す運動から選択
ア 競走				
イ 跳躍				
ウ 投てき				
【D水泳】				ア〜オから選択
ア クロール				
イ 平泳ぎ				
ウ 背泳ぎ				

第Ⅱ部　保健体育科と学習指導要領

エ　バタフライ オ　複数の泳法で長く泳ぐ又はリレー			
【E球技】 ア　ゴール型 イ　ネット型 ウ　ベースボール型	E，Fから①以上選択		入学年次では，ア～ウから②選択その次の年次以降では，ア～ウから選択
【F武道】 ア　柔道 イ　剣道			ア又はイのいずれか選択
【Gダンス】 ア　創作ダンス イ　フォークダンス ウ　現代的なリズムのダンス	B，C，D，Gから①以上選択		ア～ウから選択
【H概論】 (1) スポーツの歴史，文化的特性や現代のスポーツの特徴 (2) 運動やスポーツの効果的な学習の仕方 (3) 豊かなスポーツライフの設計の仕方	必修	必修　　必修	(1) 入学年次 (2) その次の年次 (3) それ以降の年次 (各年次6単位時間以上)

（出典）文部科学省「高等学校学習指導要領解説・保健体育編・体育編」平成21年12月，p.104

〈参考〉専門教育としての「体育」科の科目構成等

専門教育の体育科の科目構成及び内容とその取扱い

科目及び内容	入学年次	その次の年次	それ以降の年次	内容の取扱い
【スポーツ概論】 (1) スポーツの歴史，文化的特性や現代のスポーツの特徴 (2) スポーツの効果的な学習の仕方 (3) 豊かなスポーツライフの設計の仕方 (4) スポーツの指導法と安全 (5) スポーツの企画・運営及び管理	必修	必修	必修	(1)～(5)必修

2 体育分野の特性と目標

【スポーツⅠ】 (1) 採点競技（体操競技）の理解と実践 (2) 測定競技（陸上競技，水泳競技）の理解と実践	スポーツⅠ，Ⅱ，Ⅲ，Ⅳから①以上選択	スポーツⅠ，Ⅱ，Ⅲ，Ⅳから①以上選択	スポーツⅠ，Ⅱ，Ⅲ，Ⅳから①以上選択	(1)又は(2)を選択
【スポーツⅡ】 (1) ゴール型球技（バスケットボール，ハンドボール，サッカー，ラグビー）の理解と実践 (2) ネット型球技（バレーボール，卓球，テニス，バドミントン）の理解と実践 (3) ベースボール型球技（ソフトボール，野球）の理解と実践 (4) ターゲット型球技（ゴルフ）の理解と実践	^	^	^	(1)〜(4)から①以上選択
【スポーツⅢ】 (1) 武道（柔道，剣道，相撲，なぎなた，弓道）の理解と実践 (2) 諸外国の対人的競技（レスリング）の理解と実践	^	^	^	(1)又は(2)を選択
【スポーツⅣ】 (1) 創造型ダンス（創作ダンス，現代的なリズムのダンス）の理解と実践 (2) 伝承型ダンス（フォークダンス，社交ダンス）の理解と実践	^	^	^	(1)又は(2)を選択
【スポーツⅤ】 (1) 自然体験型野外活動（キャンプ，登山，遠泳等の水辺活動）の理解と実践 (2) 競技型野外活動（スキー，スケート）の理解と実践	必修	必修	必修	(1)又は(2)を選択
【スポーツⅥ】 (1) 体つくり運動の理解と実践 (2) 目的に応じた心身の調整の仕方や交流を深めるための運動の仕方の理解と実践 (3) ライフステージに応じた運動の計画の立て方の理解と実践	必修	必修	必修	(1)は入学年次で必修 (2)又は(3)を選択
【スポーツ総合演習】 (1) スポーツの知識や実践に関する課題研究 (2) スポーツの指導や運営及び管理に関する課題研究 (3) スポーツを通した社会参画に関する課題研究	必修	必修	必修	(1)〜(3)から①以上選択

（出典）前掲書，p.145

(3) 「態度」等に係る内容構成の考え方

学習指導要領における体育分野での内容は，次のような構成で示されている。

すなわち，

```
(1) 運動，技能
(2) 態度
(3) 知識，思考・判断
```

このうち，(2)や(3)については，主に次の表記によっているのが特徴である。

各段階で示した(2)態度の主な表記

	中学校1・2年	中学校3年・高校入学年次	高校その次の年次以降
ア 共通事項	積極的に取り組もうとする	自主的に取り組もうとする	主体的に取り組もうとする
イ 公正・協力	よい演技を認めようとする	よい演技を讃えようとする	
	勝敗などを認め，ルールやマナーを守ろうとする	勝敗などを冷静に受け止め，ルールやマナーを大切にしようとする	
	フェアなプレイを守ろうとする	フェアなプレイを大切にしようとする	
	相手を尊重し，伝統的な行動の仕方を守ろうとする	相手を尊重し，伝統的な行動の仕方を大切にしようとする	
	よさを認め合おうとする	互いの違いやよさを認め合おうとする	互いに共感し高め合おうとする
	など（仲間の学習を援助しようとする）	など（互いに助け合い教え合おうとする）	など（互いに助け合い高め合おうとする）
ウ 責任・参画	分担した役割を果たそうとする	自己の責任を果たそうとする	役割を積極的に引き受け自己の責任を果たそうとする
	話合いに参加しようとする	話合いに貢献しようとする	合意形成に貢献しようとする
エ 健康・安全	健康・安全に気を配る	健康・安全を確保する	

2 体育分野の特性と目標

各段階で示した(3)知識,思考・判断の主な表記

	中学校1年・2年	中学校3年・高校入学年次	高校その次の年次以降
知識	・体つくり運動の意醍と行い方	・運動を継続する意義,体の構造,運動の原則	・体つくり運動の行い方,体力の構成要素,実生活への取り入れ方
	・運動の特性や成り立ち ・技術(技)の名称や行い方	・技術(技)の名称や行い方	・技(技術)の名称や行い方
	・関連して高まる体力	・体力の高め方	・体力の高め方
	・伝統的な考え方	・伝統的な考え方	・伝統的な考え方
	・表現の仕方	・交流や発表の仕方	・競技会,試合,発表の仕方・文化的背景と表現の仕方
	など	・運動観察の方法 など	・課題解決の方法 ・見取り稽古の仕方 など
思考・判断	課題に応じた運動の取り組み方	自己の課題に応じた運動の取り組み方	自己や仲間の課題に応じた運動を継続するための取り組み方

(出典)文部科学省 スポーツ青少年局 企画・体育課
参考資料「指導内容の体系化と整理表」p.6

索引

あ行

アスリートの法的責任……………157
安静時脈拍数……………48
安全委員会……………12
安全管理……………6, 64, 78, 87
安全教育……………21
安全指導……………27, 109
安全配慮……………8
安全配慮義務……………8, 74, 152, 166, 174
安全配慮義務違反……………85, 152, 174
意識障害……………98
意識レベル……………139, 140, 143
いじめ……………66
慰謝料……………49
一般の注意義務……………166, 171
一般の不法行為……………151
移動施設……………30
違法性……………iii, 155, 158
違法性阻却（事由）……………155, 168, 169
因果関係……………151
ウェイトトレーニング……………111
ウォーミングアップ……………59
運動部活動……………15, 109
営造物利用関係……………9
AED……………30, 32, 52, 88, 114, 137
応急処置……………12, 62, 124, 126, 130, 133
オーバートレーニング症候群……………48
オーバーユースシンドローム……………48
オーバーリーチング……………113
公の営造物……………176
公の性質……………166
オリンピック……………109
オリンピック精神……………109

か行

戒告……………156
外傷性骨折……………131
ガイドライン……………54
加害者の法的責任……………157
学習指導要領……………5, 11, 22, 63, 76, 183
過呼吸……………51
瑕疵……………176
過失……………11, 151, 158
過失傷害罪……………158
過失相殺……………46, 163, 169
学校安全計画……………25
学校安全参考資料……………21
学校安全推進計画……………21
学校安全マニュアル……………26
学校環境衛生基準……………18
学校教育法……………iii, 5, 183
学校教育法施行規則……………183
学校事故……………12
学校設置者（国・県・市・法人等）
　責任……………174
学校保健安全法……………9, 20, 111
学校保健法……………9
関節アライメント……………48
監督義務……………172
監督者責任……………151
危機管理……………9, 31
危険回避義務……………11, 155, 172
危険回避能力……………152
危険の同意……………160
危険引き受け……………169
危険予見義務……………11
技術スキル……………60

201

索引

規則・通達……………………… 6
機能障害………………………… 129
救急体制………………………… 29
救急法…………………………… 12
求償権…………………………… 176
急性硬膜下血腫……………… 92, 94
救命救急………………………… 34
教育委員会…………………… 5, 32
教育基本法…………………… 5, 183
教育的懲罰……………………… 67
教育目的・目標………………… 5
教育目標………………………… 5
行政処分……………………… 8, 167
行政責任………………………… 151
共同不法行為…………………… 152
業務上過失致死罪………… 21, 155, 158
業務上過失致死傷罪…………… 35
虚　血…………………………… 135
技术格(較)差………………… 70, 111, 114
緊急避難…………………… 160, 161, 169
具体的注意義務…………… 50, 166, 171
クライシスマネジメント……… 20
経営目的………………………… 7
刑事責任……………………… 151, 155
頸　椎…………………………… 142
頸椎損傷………………………… 97
痙　攣…………………………… 144
結果回避の可能性……………… 50
血　腫…………………………… 124
原因究明………………………… 20
健康管理…………………… 29, 111
腱断裂…………………………… 47
現場指導者責任………………… 174
故意・過失………………… 151, 158
後遺症…………………………… 36
公権力の行使……………… 54, 154, 173
校　長…………………………… 175

高等学校指導要領……………… 183
硬　膜…………………………… 138
5大栄養素……………………… 112
国家公務員法…………………… 154
国家賠償責任………………… 151, 154, 172
国家賠償法…………… 45, 62, 81, 89, 93, 99, 102, 155, 172
骨　折………………… 16, 43, 47, 131

さ　行

サーフェイス…………………… 47
災害共済給付制度……………… 21
在学契約………………………… 152
在学契約関係……………… 8, 167, 174
再発防止対策…………………… 31
債務不履行責任…………… 151, 174
JCS法…………………………… 139
視覚・視診……………………… 103
歯牙障害………………………… 121
軸　圧…………………………… 142
軸圧外力………………………… 142
軸圧損傷………………………… 142
止血法…………………………… 112
しごき……………………… 153, 158
自己決定権………………… 167, 169
事故調査………………………… 20
事故防止…………………………6, 20
四肢・半身麻痺………………… 97
事情聴取…………………… 37, 38
施設管理者責任………………… 175
指導監督義務…………………… 13
指導義務………………………… 153
指導計画作成義務……………… 153
指導者責任……………………… 174
自動体外式除細動器……… 32, 137
社会的正当行為………………… 169
ジャンパー膝…………………… 47

索 引

収　縮	135
習熟度	111
集団行動様式	26
傷害罪	155
傷害保険	106
使用者責任	67, 151
情緒変化テスト	48
情報公開請求	21
消滅時効	40
勝利至上主義	13, 109
自力救済	160, 169
視力・眼球運動障害	121
人権侵害	iii
人工呼吸	34, 136
シンスプリント	48
心臓血管系疾患	133
靱帯損傷	60
心電図検査	112
心肺蘇生（CPR）	136
心肺停止	136
頭蓋骨骨折	138
ステイルネス	48
ストリングス切れ	83
ストレスマネジメント	48
スポーツ安全保険	106
スポーツ基本法	22
スポーツ指導者	170
——の注意義務違反	166
——の法的責任	170
スポーツ障害	23
スポーツドクター	23
スポーツパフォーマンス	61
スポーツ法学	157
生化学的プロファイリング	48
精神・神経障害	121
精神的パニック	51
製造物責任事故	86

正当業務行為	155, 162
正当行為	160, 162, 169
正当防衛	160, 161, 169
セカンドインパクトシンドローム（SIS）	94, 139
脊椎・脊髄損傷	142
脊椎損傷	43
責任能力	11, 151, 158, 170
セクシュアル・ハラスメント（セクハラ）	iii, iv, 61, 155, 158
設置上の瑕疵	53, 156
説明義務違反	152
選択履修	177
相当因果関係	158
損害賠償	62, 70, 93, 102, 106, 168
損害賠償責任	108, 151, 173

た　行

体育主任	6, 8, 10, 12, 16
体育的行事	15, 16, 19
体育用具	26
体格差	62
第三者委員会	20
体脂肪	48
対人衝突事故	105
体　罰	iii, 66, 158
体力差	62
脱　臼	43, 128, 130
打　撲	123
打撲挫傷	123
打撲捻挫	47
地方公務員法	154
注意義務	171
注意義務違反	49, 155, 166
中学校学習指導要領	183
中枢神経系突然死	121
懲戒処分	156

索 引

通常有すべき安全性……………… 176
使い過ぎ症候群………………………… 48
溺　死………………… 121, 122, 144
溺　水……………………………… 144
点　検………………………………… 12
点検整備……………………………… 26
道義的責任………………………… 157
道徳教育…………………………… 183
頭部外傷………………… 43, 121, 137
頭部打撲……………………………… 92
ドーピング問題……………………… 60
特殊的不法行為…………………… 151
土地工作物責任…………………… 152
土地の工作物……………………… 176
突然死…………………………133, 143
努力義務……………………………… 20

な 行

内在する危険………………………… 8
内在的危険…………………… 19, 168
肉離れ……………………………… 127
二次的損傷………………………… 133
日本アンチドーピング機構・JADA …60
日本オリンピック委員会(JOC)…iii, 165
日本障害者スポーツ協会………… 165
日本スポーツ振興センター…… 21,
　　　　　　　　　　　　　77, 119, 133
尿検査……………………………… 112
熱中症…………………………145, 146
熱中症予防………………… 28, 29, 56
捻　挫…………………… 16, 43, 125
脳挫傷………………………………… 92
脳震盪…………………………… 92, 94
脳内出血……………………………… 99

は 行

バーンアウト………………………… 48

排水（環）口………………………… 30
排水口………………………… 51, 144
バイタルサインチェック………… 136
パワーハラスメント（パワハラ）……iii
犯罪構成要件該当性……………… 155
反社会的な行為…………………… 155
被害者の救済制度………………… 58
被害者の承諾（承認）……… 161, 169
被害者の法的責任…………… 157, 162
引き受けた危険……………… 166, 171
非権力的作用………………… 167, 173
避難訓練……………………………… 26
疲労骨折……………………………… 48
プール事故…………………………… 32
フェアプレーの精神………… 65, 165
不可抗力……………………… 160, 169
部活動………………………… 13, 15, 28
不完全履行………………………… 152
付随義務…………………………… 152
不整脈………………………… 135, 144
武道必修化…………………… iv, 177
不法行為責任…………… 58, 66, 151, 173
暴行罪……………………………… 158
法定監督義務者……………………… 11
法的責任……………………… 134, 151
暴力行為…………………………… 153
暴力行為根絶宣言………………… 165
保護義務違反……………………… 152

ま 行

マネジメント・サイクル…………… 7
慢性疲労……………………………… 48
民事訴訟……………………………… 21
民　法……………………………… 173
免　職……………………………… 156
免　責………………………… 162, 169
メンタルトレーニング…………… 113

204

索引

モニタリング……………………… 48

や 行

有責性……………………………… 155
予見可能性義務…………………… 172
予測可能性………………………… 50
予防・早期発見…………………… 23

ら 行

利益の侵害………………………… 151
履行不能…………………………… 152
リスクマネジメント……… iv, 7, 19, 46
リスペクトの心…………………… 65
臨床スポーツ医学………………… 141
ルールの遵守……………………… 69
ロードマップ……………………… 110

あとがき

　平成24年度に中学校の体育で武道が必修化されるに伴い，現在，学校では，これまで以上に生徒が事故のない安全で安心な体育や運動部活動等が実施できるような対応が求められている。

　全日本柔道連盟に報告された事故事例（2003年～10年）のうち，柔道では年間平均3.7人が頭の事故で死亡したり，重い後遺症を負っていたという。日本脳神経外傷学会は，柔道などで頭を強打し，死傷する事故が起きていることを受けて，緊急提言を行ったことが新聞で報じられている（平成25年11月9日朝日新聞）。すなわち，柔道やラグビーなどで競技中に起きる脳震盪について，一度起こすと2回目を起こすリスクは，3.5～8倍になり，繰り返すことで急性硬膜下血腫などが起き，死亡することもあるので，脳震盪と診断された日は競技を認めず，復帰は段階的に認め，症状によっては治ったと判断しても，衝突を伴うような武道や球技などへの復帰を許可すべきでない，という厳しい対応を脳神経外科医に求めている。

　リスクマネジメントの目的として，第1には，事故による傷害の発生を防止すること，第2には，事故による傷害に伴う訴訟を回避すること，第3には，訴訟になった場合，有利に進めることがあげられる。本書『体育・部活のリスクマネジメント』もこれらを具現化することを目指し，従来の経験やカンによる，いわば主観的な事故防止策を踏まえ，法学をはじめ医学，生理学，運動学，心理学や教育学等の諸学問およびその成果，いわゆる客観的で科学的な知見にもとづき，最新の動きも勘案して事故防止策について述べている。

　「1件の重大事故の背後には，29件の軽微な事故があり，その背景には300件の事故には至らないヒヤリ・ハットすることが生じている」とは，有名なハインリッヒの法則であるが，600件もの「ニアミス」がある，とするバードによる研究もある。ハインリッヒにせよバードにせよ，これら一連の研究により，1件の事故の陰には，かなりの数の事故には至らない事故のいわば潜在的要因ないし原因とがあるといえよう。それらすべてを防止し，コントロールすることは，至難の技に近いが，それ

あとがき

　ぞれの分野の専門家により事故の完全防止へ向けて一歩でも二歩でも接近すべく，本書では限られた紙幅の中で，随所に直接的に，あるいは間接的に，参考とすべき有効・適切な対処・対応策が述べられている，と確信している。

　最後に，本書は，それぞれの章，節を担当した執筆者の方々の多大なる努力の賜物である。また，本書の企画を快く了承し，刊行していただいた信山社の方々には，深甚なる謝意を申し上げる。

　2014年1月

　　　　　　　　　　　　　　　　　　　　　　　　　　諏訪伸夫

執筆者紹介 (50音順)

新井喜代加（あらい きよか）	国士舘大学非常勤講師
石井信輝（いしい のぶき）	摂南大学法学部法律学科准教授
石川美久（いしかわ よしひさ）	独立行政法人国立高等専門学校機構長野工業高等専門学校一般科講師（体育）
出雲輝彦（いずも てるひこ）	東京成徳大学応用心理学部健康・スポーツ心理学科教授
一柳昇（いちりゅう のぼる）	高知学園高知中学校女子バレーボール部監督
伊藤リナ（いとう りな）	中央学院大学大学非常勤講師
小笠原正（おがさわら まさる）	環太平洋大学名誉教授
金谷麻理子（かなや まりこ）	筑波大学体育系准教授
木野実（きの みのる）	京都大学男子ハンドボール部監督
木原珠子（きはら たまこ）	環太平洋大学 非常勤講師
小牟礼育夫（こむれ いくお）	福岡大学スポーツ科学部准教授
今野満広（こんの みつひろ）	宮城県立小牛田農林高等学校講師
佐藤良男（さとう よしお）	日本体育スポーツ政策学会前会長
諏訪伸夫（すわ のぶお）	清和大学法学部法律学科教授
髙藤順（たかふじ じゅん）	吉備国際大学社会学部スポーツ社会学科准教授
中田誠（なかた まこと）	市民スポーツ＆文化研究所特別研究員
西村慶太（にしむら けいた）	帝京大学整形外科教授
平野泰宏（ひらの やすひろ）	大妻女子大学短期大学部家政准教授
福田達也（ふくだ たつや）	東亜大学人間科学部心理臨床・子ども学科専任講師
細野昇（ほその のぼる）	呉竹医療専門学校副校長
前村公彦（まえむら きみひこ）	環太平洋大学体育学部准教授
水沢利栄（みずさわ としひで）	福井大学教育地域科学部准教授
吉田勝光（よしだ まさみつ）	松本大学人間健康学部教授

編者

小笠原 正（おがさわらまさる）　環太平洋大学名誉教授

諏訪伸夫（すわのぶお）　清和大学教授

体育・部活のリスクマネジメント

2014（平成26）年2月25日　第1版第1刷発行

編　者　小笠原正・諏訪伸夫
発行者　今井　貴・稲葉文子
発行所　株式会社 信 山 社
〒113-0033 東京都文京区本郷 6-2-9-102
Tel 03-3818-1019　Fax 03-3818-0344
henshu@shinzansha.co.jp
笠間才木支店 〒309-1611 茨城県笠間市笠間 515-3
Tel 0296-71-9081　Fax 0296-71-9082
笠間来栖支店 〒309-1625 茨城県笠間市来栖 2345-1
Tel 0296-71-0215　Fax 0296-72-5410
出版契約№ 2014-8612-0-01011　Printed in Japan

ⓒ 著者, 2014　印刷・製本／東洋印刷・渋谷文泉閣
ISBN978-4-7972-8612-0 C3332 ¥2500E 分類 324.600-a-006
8612-0101：p224　012-020-002

JCOPY 〈(社)出版者著作権管理機構 委託出版物〉
本書の無断複写は著作権法上での例外を除き禁じられています。複写される場合は、
そのつど事前に、(社)出版者著作権管理機構（電話03-3513-6969, FAX 03-3513-6979,
e-mail: info@jcopy.or.jp）の許諾を得てください。

現代選書

森井裕一 著	現代ドイツの外交と政治	2,000 円
三井康壽 著	大地震から都市をまもる	1,800 円
初川 満 編	国際テロリズム入門	2,000 円
三井康壽 著	首都直下大地震から会社をまもる	2,000 円
林 陽子 編	女性差別撤廃条約と私たち	1,800 円
黒澤 満 著	核軍縮入門	1,800 円
森本正崇 著	武器輸出三原則入門	1,800 円
高 翔龍 著	韓国社会と法	2,800 円
加納雄大 著	環境外交	2,800 円
初川 満 編	緊急事態の法的コントロール	2,000 円
森宏一郎 著	人にやさしい医療の経済学	2,000 円

本体価格(税別)

信山社

●**好評入門シリーズ　ブリッジブック**●

先端法学入門／土田道夫・高橋則夫・後藤巻則 編
法学入門（第2版）／南野　森編
法哲学／長谷川晃・角田猛之 編
憲　法／横田耕一・高見勝利 編
行政法（第2版）／宇賀克也 編
先端民法入門（第3版）／山野目章夫 編
刑法の基礎知識／町野　朔・丸山雅夫・山本輝之 編著
刑法の考え方／高橋則夫 編
商　法／永井和之 編
裁判法（第2版）／小島武司 編
民事訴訟法（第2版）／井上治典 編
民事訴訟法入門／山本和彦 著
刑事裁判法／椎橋隆幸 編
少年法入門／丸山雅夫 著
国際法（第2版）／植木俊哉 編
国際人権法／芹田健太郎・薬師寺公夫・坂元茂樹 著
医事法／甲斐克則 編
法システム入門（第2版）／宮澤節生・武蔵勝宏・上石圭一・大塚浩 著
近代日本司法制度史／新井勉・蕪山嚴・小柳春一郎 著
社会学／玉野和志 編
日本の政策構想／寺岡　寛 著
日本の外交／井上寿一 著

信山社

● 判例プラクティスシリーズ ●

判例プラクティス憲法

憲法判例研究会 編
浅野博宣・尾形健・小島慎司・宍戸常寿・曽我部真裕・中林暁生・山本龍彦

判例プラクティス民法Ⅰ〔総則・物権〕

松本恒雄・潮見佳男 編

判例プラクティス民法Ⅱ〔債権〕

松本恒雄・潮見佳男 編

判例プラクティス民法Ⅲ〔親族・相続〕

松本恒雄・潮見佳男 編

判例プラクティス刑法Ⅰ〔総論〕

成瀬幸典・安田拓人 編

判例プラクティス刑法Ⅱ〔各論〕

成瀬幸典・安田拓人・島田聡一郎 編

信山社

導入対話による
スポーツ法学（第2版）

小笠原正 監修／執筆：井上洋一・川井圭司・
森浩寿・齋藤健司・諏訪伸夫・濱野吉生

スポーツ事故、ドーピング、オリンピック、性差別、スポーツ仲裁…。様々な問題を抱える現代スポーツの状況に対し、その解決を法律学による学問的考察によって明らかにしようとする、最新のスポーツ法学の基本書。

いじめ・体罰・校内暴力
保護者の法的対応マニュアル

矢野輝雄 著

世界のイジメ
（イジメブックス―イジメの総合的研究）

清永賢二 編

感情労働とは何か

水谷英夫 著

信山社

法学六法'14
収録数 69件, 全552頁
定価:本体 1,000円(税別)

標準六法'14
収録数 126件, 全1160頁
定価:本体 1,480円(税別)

石川 明・池田 真朗・宮島 司・三上 威彦
大森 正仁・三木 浩一・小山 剛 編集代表

スポーツ六法'14
小笠原 正・塩野 宏・松尾 浩也 編集代表

ジェンダー六法
収録数 163件, 全776頁
定価:本体 3,200円(税別)

山下 泰子・辻村 みよ子
浅倉 むつ子・二宮 周平・戒能 民江 編

医事法六法
収録数 109件, 全560頁
定価:本体 2,200円(税別)

甲斐 克則 編集代表

保育六法〔第3版〕
収録数 217件, 全712頁
定価:本体 2,200円(税別)

田村 和之 編集代表

コンパクト学習条約集
収録数 127件, 全584頁
定価:本体 1,450円(税別)

―― 信山社 ――